터틀 트레이딩

||||| 기본부터 충실하게 잡아주는 차영주 소장의

터틀 트레이딩
TURTLE TRADING

차영주 지음

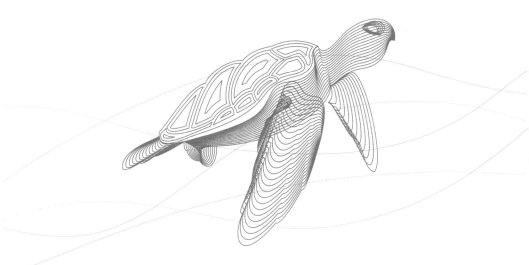

P page2

늘 곁에 두고 읽어야 할
투자의 길라잡이

김동환 소장
〈삼프로TV〉 진행자, 대안금융경제연구소장

가끔 지인들에게 이런 말을 한다. '내가 철들고 가장 잘한 일은 아내와 결혼한 것이고, 그다음 잘한 일은 첫 직장으로 증권사를 선택한 일'이라고 말이다. 그때마다 지인들은 적잖이 놀란다. 본인들은 '후회하는 일 1순위가 결혼이고, 2순위가 첫 직장'이라는 농담을 덧붙이기도 한다. 어쨌든 분명한 건 백년해로할 배우자를 잘 만나는 일도, 자신에게 잘 맞는 직장을 단박에 고르는 일도 여간 어려운 게 아니라는 점이다.

증권회사 영업직원이라는 자리가 얼마나 힘든 일인지 잘 알기에 20년 넘게 고객을 상대하다가 성공적으로 은퇴한 후 또 다른 길을 개척하는 선후배들을 보면 절로 존경심이 생긴다. 차영주 소장도 그중 한 명이다.

　

그가 20년 넘게 배우고 경험한 투자의 노하우를 방송과 강의, 저술을 통해 전파하는 걸 옆에서 보면서, 맑고 불그레한 그의 얼굴을 몇 번이나 부러워했던 기억이 난다. 그 얼굴은 그가 건강하고 단정하게 고객과 자기 스스로를 대해왔다는 증거다.

차영주 소장의 신작 『터틀 트레이딩』은 주식투자를 배우려는 사람들을 위해 기존의 틀을 깨면서도 견고한 터를 잡아주는 매우 효과적인 교수법을 보여준다. 가치투자가 하나의 도그마라고 폄하되는 시대에 '거북이'와 '트레이딩'이라는 전혀 상반된 느낌의 두 단어가 담긴 책 표지를 보면서 투자자들을 위한 그의 애정과 열정을 느낀다.

　

'동학개미운동'이란 말이 사전에 등재될 날이 머지않을 정도로 이제 주식은 거의 모든 국민의 유력한 재테크 수단이 되었다. 사상 최대 규모의 개인 순매수와 예탁금 그리고 신용 융자, 공모주 청약 열풍……. 삼십 년 가까이 참여자로서, 관찰자로서 주식시장을 지켜봐온 나로서도 처음 겪는 장세다.

주식은 제로섬 게임이 아니라고 역설하고 다니지만, 그렇다고 누구나 다 승자가 될 수는 없다. 공부가 필요하다. 그런데 주식을 공부할 수 있는 책들이 차고 넘쳐도 권할 만한 책은 그다지 많지 않다.

차영주 소장의 『터틀 트레이딩』은 주식투자를 처음 시작하는 사람들, 주식투자가 늘 제자리라고 체념하는 사람들, 그리고 주식투자를 더 잘하고 싶은 사람들 모두에게 권할 만한 책이다. 늘 곁에 두고 부담 없이 궁금한 걸 물어볼 수 있는, 다정한 선배 같은 투자의 길라잡이가 될 것이다. 이 책을 읽는 모든 독자가 최후에 승리하는 투자를 하기를 진심으로 응원한다.

밤공기가 제법 쌀쌀한

여의도 〈삼프로TV〉 스튜디오에서

김동환

초보 투자자가 주식투자를 제대로 공부하는 방법

질문을 하나 던지면서 시작해보려고 한다.

'주식투자를 잘하기 위해선 다음 중 무엇이 가장 필요할까?'
1) 정보   2) 운   3) 자금   4) 공부

전부 정답이 될 수도 있고, 전부 오답이 될 수도 있다. 만약 전부 정답이 될 수 있다고 생각한다면, 우선순위를 매겨보자. 4번이 1위가 아니라고 생각하는 사람이라면, 굳이 이 책을 읽는 수고를 하지 않아도 될 것 같다. 이 책을 통해 도움을 얻을 게 거의 없을 것이기

때문이다.

위 질문의 답에 관해서는 많은 논쟁이 있을 수 있다. 여기서 그에 대해 자세히 다루지는 않겠지만, 다음과 같은 의문은 충분히 들수 있을 것이다. '주식투자에 대해 공부하라'라고 하는데, 정말 공부가 정보나 운보다 주식투자의 성패를 가르는 결정적인 요인이라고 확신할 수 있을까? 그리고 공부를 많이 할수록 수익이 더 많이 발생할까?

국내에 많이 알려지지는 않았지만 이 논쟁에 종지부를 찍은 미국의 투자자들이 있다. 리처드 데니스^{Richard Dennis}와 빌 에크하르트^{Bill Eckhardt}라는 두 인물로, 그들은 이미 1980년대 초에 '공부를 하면 뛰어난 투자자가 될 수 있다'라는 사실을 증명해 보였다.

초보 투자자들을
백만장자로 만든 투자 수업

잠시 그들의 이야기를 해보자. 시카고에서 '상품 선물^{Commodity Futures}(농산물, 축산물, 에너지, 임산물, 비철금속, 귀금속 등 이와 유사한 상품을 대상으로 한 선물거래) 트레이딩'으로 성공한 리처드 데니스와 빌 에크하르트는 친한 동료였다. 그들은 어느 날 우연히 앞의 질문을 주고받으며 논쟁을 시작했는데, 이는 10여 년 동안이나 진행되었다. 논쟁의 주요 내용은 이렇다. 데니스는 '누구든지 공부(학습)를 통해서 유능한 트레이더가 될 수 있다'는 입장이었고, 에크하르트는 그 반대였다.

	투자의 자질	투자의 기술
리처드 데니스	후천적	수익 내는 과정을 학습할 수 있다
빌 에크하르트	선천적	투자는 학습으로 가능한 것이 아니다

리처드 데니스는 '전략, 규칙, 확률, 숫자 등을 객관적으로 바라본다면 얼마든지 배울 수 있다'라고 주장했다. 자신이 트레이더로 성공을 거둘 수 있었던 이유를 누구보다 스스로가 가장 잘 알고 있다고 생각했고, 그래서 다른 사람을 유능한 트레이더로 키워내는 일도 가능하다고 믿었다. 트레이딩 경험이 전혀 없는 사람들도 매매를 충분히 해낼 수 있다고 생각한 것이다. 반면 빌 에크하르트는 '훌륭한 트레이딩은 타고난 재주가 있어야 가능하다'라는 믿음이 확고했다.

데니스는 자신의 생각이 틀리지 않다는 것을 실험을 통해 직접 보여주기로 했다. 1983년 가을, 두 사람은 《월스트리트저널》, 《뉴욕타임스》 등에 트레이딩 훈련생(터틀)을 모집한다는 내용의 광고를 대대적으로 냈다.

훈련생들에게 '터틀(거북이)'이라는 이름이 붙은 것은 데니스와 에크하르트의 논쟁이 싱가포르의 거북이 농장 근처에서 시작되었기 때문이다. 데니스가 "농장에서 거북이를 키우는 것처럼 우리도 트레이더를 키워낼 수 있어"라고 한 말이 시발점이 되었다.

1000명이 넘는 사람들이 지원했고, 단 40명에게 면접 기회가 주어졌다. 그리고 최종적으로 13명이 '터틀'로 선발되었다. 조리사, 교사, 상담사, 배달원, 회계보조원, 웨이터 등 다양한 직업과 경력을 가진 사람들이었다.

14일 동안 집중적으로 이들의 집합 교육이 시행됐다. TV나 컴퓨터도 없이 전화기만 몇 대 있는 조용한 사무실에서 진행됐다고 하는데, 1980년대 초임을 고려하더라도 화려한 기술적 분석 등의 자료는 교육에 필요하지 않았기 때문이 아닌가 추측해본다. 당시 교육 내용은 채권, 통화, 옥수수, 오일, 주식 등 거의 모든 것을 매매하는 데 필요한 기법을 전부 가르치는 것이었다. 아이러니하게도 이 교육에는 데니스보다 에크하르트가 더 열성적이었다고도 한다.

교육의 결과는 실로 대단했다. 여러 훈련생이 투자에서 큰 성공을 거두는 성과가 나타났는데, 교육 이후 4년 넘게 연간 100% 이상의 수익을 올리기도 했다고 한다.

'한국형 터틀 트레이딩'을
만들다

미국의 터틀 트레이딩 교육과 관련된 내용은 당시 교육생 중 한 명이었던 커티스 페이스[Curtis M. Faith]가 쓴 『터틀의 방식』이 국내에 출간되어 그 내용을 전하고 있다(그 후 관련 서적 3권이 더 국내에 출간됐다).

하지만 안타깝게도 이와 관련된 책들은 국내에서 큰 인기를 끌지 못했다. 교육에 대한 내용을 다루고 있다 보니 (화끈한) 종목을 찾는 데에는 크게 도움이 되지 않았기 때문이 아니었을까 짐작할 뿐이다. 교육은 다소 지루한 것이라는 선입견이 있어서 투자자들이 선호하지 않았으리라는 표현이 더 적절할지도 모르겠다.

나는 이와 같은 현상에 사실 적지 않은 충격을 받았다. 많은 투자자가 주식투자에 대해 배우려고 하지만 정작 그와 관련된 책은 멀리하고, 다소 화려한 기법으로 당장 수익을 가져다줄 것만 같은 책들에 더 주목한다는 생각이 들었기 때문이다. 주식투자와 이에 필요한 공부에 관해서 나는 리처드 데니스의 의견에 전적으로 공감한다. 그래서 나는 미국의 터틀 트레이딩 교육을 적용한 '한국형 터틀 트레이딩'을 직접 진행해봐야겠다고 생각했다. 국내에서도 '올바로, 제대로 배우면 투자를 잘할 수 있게 된다'는 것을 증명해보고 싶었다.

아쉽게도 미국의 터틀 트레이딩은 그 자세한 내용이 다 공개되지는 않았다(제자들이 쓴 간접 내용만 있을 뿐이다). 그래서 나는 독자적으로 교육 프로그램을 만들어 국내 현실에 맞게 투자자를 모집해서 교육하기로 계획을 세웠다. 그리고 2018년 최초 교육생 모집을 시작으로 2년여에 걸쳐 기수별 교육을 진행했다.

'터틀 트레이딩'이라는 동일한 용어를 붙였지만, 내가 진행한 '한국형 터틀 트레이딩'은 미국의 터틀 트레이딩과는 여러 면에서 다른 점이 있었다. 일단 가장 큰 차이점은 데니스의 수업은 집합교육이었고, 나는 1:1 교육이었다는 점이다. 주식투자는 누구든 홀로 해야 하는 것이므로 자신의 상황과 입장에 따라 다르게 진행될 수밖에 없다고 생각한다. 그래서 교육의 최적화를 위해 1:1 교육을 결정했고 그대로 시행했다.

투자를 대하는 관점도 미국의 터틀 트레이딩과는 다소 달랐다. 이건 내 투자 성향이 리처드 데니스의 투자 성향과는 다른 측면이 있었기 때문이기도 하다.

미국의 터틀 트레이딩	트레이더(약 2주)	단기
한국형 터틀 트레이딩	가치투자자(약 1년)	중·장기

미국의 터틀 트레이딩은 '트레이딩'이라는 단어가 가진 의미 그

대로, 투자 및 교육에서 '매매'에 방점을 찍고 이에 주력했다. 그래서 개별 투자자의 성향은 배제한 채 선물과 채권, 주식 등 다양한 분야에 활용할 수 있는 정형화된 트레이딩 기법을 교육했다. 이는 교육생들이 투자를 기계적으로 따라가는 것이기 때문에 단기간에 이루어질 수 있었다.

반면에 나는 주식의 가치에 방점을 찍고 '투자'라는 관점에 집중해서 교육을 진행했다. 올바른 주식투자는 기업 가치에 대한 올바른 평가가 기본이 되어야 한다. 차트를 통한 기술적 분석을 중시한다고 하더라도 기업에 대한 올바른 가치 평가가 먼저다. 이를 제대로 가르치고 배우려면 다소 긴 시간이 필요하다.

또한 미국의 터틀 트레이딩은 트레이더가 자신의 성공 방식을 전수하는 방법이었다면, 나는 내 투자 경험과 투자 교육에 관한 공부를 바탕으로 수업을 실시했다는 점도 밝혀둔다. 이 책은 그 결과에 대한 나름의 결실이기도 하다.

주식투자, 어떻게 배워야 할까?

그동안의 교육 과정을 좀 더 얘기해보겠다. 안타깝게도 교육생 가운데에는 본격적인 공부가 시작되고 나서 중도에 포기한 이들도 꽤 있었다. 이유는 다양했지만, 애초부터 주식투자 공부를 너무 만만하게 생각했기 때문이 아니었나 싶다. 그저 몇 가지 기술만 배우면 된다고 지레짐작으로 참여한 교육생, 공부라고는 하지만 실상은 정보를 찾아 알려줄 거라 기대했던 교육생, 좋은 종목의 내용을 설명해주면 그 종목을 사겠다고 생각했던 교육생, 단순한 호기심에 지원한 교육생들도 있었다.

이런 교육생들은 내가 진행한 수업을 따라 주식 공부를 해낼 의지와 동기가 부족할 수밖에 없었다. 미국의 터틀 트레이딩 수업은 교육생들의 기질을 중요한 선발 기준으로 삼았던 것에 비해 나의 경우는 초기에 지원자를 차별 없이 받아들였기에 생겨난 시행착오였다고 생각한다.

1기생들은 서울지역 대학생을 중심으로 구성했다. 당시 내가 주식 동아리 학생들에게 특강을 한 적이 있는데, 그들에게 좋은 기회가 될 것으로 생각했다. 주식투자에 대해 조금씩은 알고 있는 학생들이라서 더 적합하다는 생각도 했다. 그래서 12명의 지원자를 받아 교육을 실시했는데, 중도에 포기한 학생들이 한두 명씩 이어지다가 결국 6개월 만에 마지막 학생이 그만두면서 1기 수업은 종료됐다. 왜 처음 기대와는 다른 결과가 나왔을까? 그들에게는 주식투자보다 당장의 취업이 더 중요했다. 주식투자에 절실함이 없었던 것이다.

그 후 방향을 선회해서 학생이 아닌 일반인을 대상으로 교육생을 선발했다. 그래도 여전히 3분의 1 정도는 중도에 공부를 포기했고, 완주한 사람은 몇 명에 그쳤다. 나는 많은 투자자가 주식투자 초기에는 제대로 공부하려고 생각하지만, 수많은 난관을 만나 현실과 타협하면서 결국 주식투자에 대한 공부를 포기하는 경우를 너무도 자주 봐왔다. 수차례 독서 모임도 진행해봤지만, 매번 책을 읽어 오지 않는 이들이 꼭 있었다(책을 읽어 오는 것은 기본인데도 말이다).

다행히도 수업을 완주한 교육생들은 이후 자신의 힘으로 주식투자를 진행해 꾸준히 수익을 달성하고 있다. 물론 그들도 매번 투자에 성공하는 것은 당연히 아니다. 누구도 주식시장의 변동성에 영향을 받지 않을 수는 없기 때문이다. 하지만 그들은 적절한 리스크 관리를 통해 자금을 시켜나가 자신의 생각과 시장이 일치할 때 크게 수익을 거두고 있다.

투자자에게 중요한 것은 모든 투자를 항상 성공으로 이끄는 것이 아니다. 주식시장에서 항상 이길 수 있는 사람은 이 세상에 존재하지 않는다. 따라서 손해를 볼 때는 조금 보고, 이익이 날 때는 크게 얻는 것을 목표로 해야 한다. 이를 반복하다 보면 어느덧 계좌가 불어나는 것을 볼 수 있다.

일반적인 개인투자자들이 주식투자를 공부하기가 어려운 것은 국내 투자자들에게 맞는 교육 시스템이 없기 때문이기도 하다. 일부 전문가가 주입식 교육 프로그램을 실시하는 경우는 있지만,

1:1 맞춤으로 주식투자를 교육한 사례는 아마도 내가 처음이 아닐까 생각한다.

교육생 모집의 횟수가 거듭될수록 교육생의 연령과 성별, 직업 등을 다양하게 구성하려고 노력했다. 이제는 다양한 인적 구성으로 교육을 수행하기 좋은 환경이 어느 정도 조성되었다. 나는 교육생들에게 동일한 방식의 획일적인 교육은 크게 도움이 되지 않는다고 생각한다. 투자자 모두가 워런 버핏^{Warren Buffett}이 될 수는 없고, 그럴 필요도 없기 때문이다.

그래서 나는 교육생들의 투자 성향에 따라 수업을 달리 진행하는 것을 중요하게 생각했다. 교육생들이 수업 이전에 경험했던 매매 내역이나 그동안 읽었던 책 목록을 받아보고, 이를 바탕으로 교육생별 맞춤 프로그램을 만들려고 했던 것도 그 때문이었다.

내가 진행한 '터틀 수업'은 위대한 투자자들이 직접 쓴 책을 통해 그들의 행태를 이해하는 과정에서부터 시작했는데(자신의 경험을 직접 쓰지 않은 책은 배제했다), 각자의 투자 지식과 경험 수준에 맞는 책을 정해주고 학습하도록 이끌었다. 그리고 모의 투자를 거쳐 실전 투자에 이르는 과정을 모두 경험하도록 했다. 이때 투자할 종목은 직접 선정하게 했는데, 그 과정에서 수시로 방향을 점검하고 지도하려고 노력했다. 매매 시마다 매매일지를 작성하도록 해서, 그에 대한 피드백을 주기도 하면서 말이다.

또 하나의 '터틀 수업'을
시작하며

이 책을 쓰는 데 적잖은 고민을 했다. 앞서 이야기한 대로, 내가 진행한 터틀 수업은 교육생마다 다른 각자의 상황에 맞춰서 저마다의 능력치를 최대한 끌어내는 것을 목표로 삼았다. 그런데 책에는 독자들이 가진 다른 성향과 상황을 반영할 수가 없기 때문에 '무엇을, 어떻게 담아야 할까' 고심을 거듭할 수밖에 없었고, '이 책이 과연 또 하나의 터틀 수업이 될 수 있을까' 걱정되는 마음도 있었다.

그러나 고민 끝에 결국은 이렇게 책을 완성했다. 독자들의 상황을 모두 반영하지는 못하겠지만, 보편적으로 적용할 수 있는 원칙과 방법을 담는 것만으로도 의미가 있을 거라고 믿었다. 또한 주식투자 교육과 관련해서는 황무지에 가까운 한국의 상황에 맞춰 교육에 집중한 한 권의 책은 필요하지 않겠나 하는 생각도 들었다.

2020년 8월 갤럽 조사에 따르면, 현재 주식에 투자하는 사람들의 비율이 1990년 조사 이래 처음으로 전체 인구의 20%대를 넘어섰다고 한다. 주식투자에 관심을 갖고 있는 사람들이 이렇게 점점 더 늘어나는데도 사실 제대로 된 투자 관련 교육을 하는 곳은 거의 없는 것이 현실이다. 그래서 공부에 관심이 있는 투자자들은 알음알음으로 단편적인 지식을 얻거나 스스로 찾아서 공부하게 되는데, 그 과정이 결코 만만치가 않다. 최근 들어 이른바 '주린이(주식+어린이)'라 불리는 주식 초보자들에게 주식투자를 가르치는 다양한 프로그램이 생기고는 있지만, 아직까지는 대부분 주식투자 공부를 체계적으로 말하고 있다기보다는 주문을 내는 방법 등 매매 자체에 국한된 내용들이 주를 이루는 것 같다.

그런 점에서 이 책이 투자를 시작하는 초보자들에게 하나의 대안이 될 수 있었으면 좋겠다. 이 책은 2018년 9월부터 시작한 실제 교육의 내용을 토대로 하고 있다. 그동안 겪었던 시행착오를 다듬고 보완한 결과이기도 하다. 독자들이 주식투자를 시작하는 터틀(교육생)로서 무엇에 집중해야 하는지 단계별로 짚어볼 수 있도록 구성했는데, 이는 결국 실전에 꼭 필요한 최소한의 것들이다. 이 터틀 수업이 끝이 아니라 이를 바탕으로 자신에게 부족한 부분들을 찾아내고, 추가 지식이 필요한 경우에는 시중에 나와 있는 다양한 책과 도구를 활용해서 공부를 더 해야 한다. 그래야 자신만의 투자 방식을 제대로 찾아나갈 수 있을 것이다.

공부하는 초반에는 강한 드라이브가 필요하다고 생각한다. 무거운 비행기가 이륙하기 위해서는 많은 힘이 필요한 것과 같다. 이 책이 높이 날아오르기 위한 좋은 출발이 되었으면 한다. 제대로 주식투자를 하고 제대로 수익을 내는 데 조금이나마 도움이 되기를 진심으로 바란다.

차례

Part 1

터틀 트레이딩 1단계: 주식에 대한 이해

개미의 주식투자는 전문가의 투자와 달라야 한다

Part 4

터틀 트레이딩 4단계: 나만의 투자 방식 실행하기
주식투자는 결코 '게으른 사람'의 게임이 아니다

Part 1

터틀 트레이딩 1단계:
주식에 대한 이해

TURTLE TRADING

개미의 주식투자는
전문가의 투자와
달라야 한다

 TURTLE TRADING

주식투자에 대한 올바른 생각

왜 주식투자를 하려고 할까? 당연히 돈을 벌기 위해서다. 투자를 고려하는 이들에게 '주식투자를 하면 돈을 잃는다'라고 한다면 투자를 할 사람이 있을까?

한 해 평균 개인투자자의 약 95%가 주식투자에서 손해를 보고 있다는 공식적인 통계가 있다[정부가 2020년 들어 발표한 투자 이익에 대한 과세 방침에 따르면(2020년 6월 25일, 제8차 비상경제 중앙대책본부 회의 보도자료 참조), 투자자의 약 5%만을 수익이 발생하는 과세 대상으로 보고 있다]. 그러나 이런 객관적인 자료를 보여줘도 '손실을 볼 수 있다'는 것을 충분히 인지하면서 더욱 노력하려는 투자자를 나는 거의 보지 못했다.

반면 '나는 안 그럴 것이다'라는 안일한 생각을 하는 경우는 흔히 보았다. 투자를 시작하면서는 '나는 다른 사람들과 다르게 정말 노력할 것이고, 또 조심할 것이다'라고 말해도 정작 그에 따라 올바른 대비를 하는 투자자들도 몇 보지 못했다. '다른 사람은 몰라도 나는 이익을 볼 수 있다'라는 순진한 건지, 허황된 건지 모를 생각을 하는 투자자들이 그만큼 많은 것이다.

2020년 코로나19 상승장에서의 수익률

2020년 유례없는 전염병인 코로나19가 생활과 경제에 큰 타격을 주었다. 증시도 이에 영향을 받아 코스피지수기 2200p에서 1540p로 수직 급락했다. 그러나 경제위기를 막기 위한 글로벌 중앙은행의 돈 풀기로 주식시장이 반등했고, 이를 본 많은 개인투자자가 이른바 '동학 개미 운동'이라 부르며 주식에 집중적으로 투자를 했다.

그렇다면 개인투자자들은 지수가 2020년 3월 1540p에서 8월 2200p로 반등하는 구간에서 얼마의 수익을 거뒀을까? 갤럽 조사에 따르면, 2020년 중간 평가 결과 증시가 약 43% 상승하는 동안 주식투자자의 50%는 수익을 봤고, 26%는 손실을 보았다(나머지 약 24%는 원금 회복 수준). 강한 상승장에서도 절반 정도만 수익을 본 것이다.

주식투자에 대한
환상은 버려라

"주식투자를 하면서 얼마의 수익이 나기를 바라나요?"

"일 년에 몇 퍼센트의 수익이 나길 원합니까?"

투자를 시작하는 이들에게 이런 질문을 하면서 이야기를 하다 보면, 열이면 열 단기간에 고수익을 바라고 있다는 것을 느끼게 된다. 이런 질문 자체를 당황스러워하기도 한다. 주식으로 돈을 많이 벌고 싶다는 생각만 했을 뿐 구체적으로 얼마의 수익을 낼지에 대해서는 깊이 생각해보지 않았기 때문이다.

보통은 '은행 이자 수익률보다는 높게'라는 정도로 적당히 얘기를 한다. 하지만 계속 이야기를 나누다 보면, 솔직한 마음으로는 '100% 이상, 많게는 무한정의 수익'을 바란다는 게 말과 표정에서 감춤 없이 읽힌다. 그래도 현실적인 기대치를 갖는 사람들이 점점 더 많아지고는 있는 것 같지만, 여전히 많은 이들이 투자 자금에 대한 기간 수익률을 생각하기보다는 막연히 '큰 수익'이라는 희망을 품고 주식시장에 들어오고 있는 것이 사실이다.

어떤 투자를 하고 싶은지에 대해서도 들어보면, 말로는 대부분 가치투자를 하고 싶다고 하지만 '당장 10% 이상 수익이 나는 종목'을 찾는 경우도 많다. 물론 주식시장은 경우에 따라 하루에 30%(상한가)의 수익을 볼 수도 있는 곳이다. 그래서 많은 투자자가 단기간에 높은 수익을 낼 수 있다는 환상을 갖는 것이기도 하다.

그러나 주식시장은 생각하는 대로 돈을 벌게 해주는 선한 곳이 결코 아니다. 대박을 바라는 조급한 투자자를 유혹해 파산의 길로 몰아넣을 수도 있는 무서운 곳이다. 투자자는 주식시장의 이러한 속성을 인지하고 자신의 소중한 자금을 지키면서 꾸준히 투자할 수 있는 길을 찾아야 한다.

주식시장에서의 생존법

올바른 주식투자를 하기 위해서는 냉정하고 객관적으로 현실을 직시하고 '주식시장에서의 생존법'을 먼저 익혀야 한다. '손실을 볼 수도 있다'는 것을 인정하고 투자의 강약을 조절하는 법을 배워야 하는 것이다.

수영을 못하는 사람이 태평양 한가운데 빠지면 살아남지 못할 확률이 더 높다. 그러나 수영을 할 수 있다면 생존 확률은 크게 올라가게 된다. 물에 떠 있다 보면 나무 조각이라도 만나는 행운을 기대할 수 있기 때문이다. 주식시장도 이와 같다. 투자의 위험성을 인지하고, 필연적으로 발생하는 손실을 다룰 수 있게 된다면 주식시장에서의 생존 확률이 올라가게 되고, 기회가 왔을 때 손실을 이익으로 돌려놓을 수 있게 된다.

생존 수영을 배우기 위해서는 100% 물을 먹어야 하듯이, 생존 주식투자를 배우기 위해서는 100% 돈을 잃어봐야 한다. 그런데 수영은 몇 번 물을 먹다 보면 스스로도 익힐 수 있다. 물을 먹는 동안은 잠시 고통스러울 수 있어도 수영을 할 수 있게 되면 더 이상 물을 먹지 않고 물에 뜰 수 있는 것이다.

하지만 주식투자는 아니다. 회복되지 않는 손실은 오래 고통을 준다. 손실을 몇 번 본다고 해서 모두가 투자의 고수가 되는 것도 아니다. 또한 수영은 생존 본능대로 하면 되지만, 주식투자는 본능을 거스르는 행동을 해야 한다. 그래서 더욱 어렵고 난감하다.

그 때문에 더 철저한 공부와 훈련이 필요한 것이 주식투자다. 그런데도 '공부를 해야 한다'는 점을 강조하면, 지극히 원론적인 이야기라고 여긴다. "누가 몰라서 그러냐, 그런데 공부한다고 해서 다 되냐?"는 이야기부터 "하고 싶은데 시간이 없어요" 등 정말 다양한 반응이 나온다. 일부는 유튜브 등을 보고 있으니 공부가 자연스럽게 된다고 생각하기도 한다.

> "철저한 공부와 훈련 없이 투자 게임에서 성공을 기대하는 것을 과연 합리적이라고 할 수 있을까? 투자와 관련하여 많은 사람들이 비현실적인 이유는 트레이딩과 투자는 쉬운 일이고 많은 생각과 주의가 필요 없다고 생각하도록 세뇌되어 왔기 때문이다. 우리는 매

스컴을 통해 다른 사람들이 일확천금했다는 말을 듣고, 준비와 계획 없이 시장에 참가해도 좋다는 잘못된 결론을 내린다."

_ 마틴 프링, 『심리투자법칙』

투자 원금만 회복하면 주식투자를 그만두겠다는 사람도 심심찮게 만나게 된다. 이것이 주식투자의 냉정한 현실이다. 확률은 웬만해서는 거짓말을 하지 않는다. 올바로 노력하지 않는데 따라오는 수익이 있다면, 그저 행운으로 생각해야 한다.

"크든 작든 위험을 감수하겠다고 선언한 이상, 그 위험에 일격을 당하는 일은 전혀 이상할 것이 없다. 그러나 파산한 트레이더들의 특징을 보면, 이들은 자신이 시상을 잘 파악하고 있으므로 불리한 사건을 피할 수 있다고 믿고 있었다. 이들이 위험을 감수한 것은 용감해서가 아니라 단지 무지했기 때문이다."

_ 나심 니콜라스 탈레브, 『행운에 속지 마라』

달리는 말에
올라타려면

증시 격언에 '달리는 말에 올라타라'라는 게 있다. 강하게 움직이는 시세에 편승해서(올라타서) 수익을 거두라는 말이다. 이 격언의 의미를 다시 한번 생각해보자.

많은 사람이 '올라타라'라는 말에 방점을 찍는다. 주식의 시세가 알아서 상승해서 투자자에게 수익을 안겨줄 것이라고 쉽게 생각하는 것이다. 그러나 나는 오히려 '달리는 말'에 더 주목해야 한다고 생각한다.

생각해보라. '달리는 말'에 올라타는 일이 과연 쉬울까? 말 한번 제대로 안 타본 사람이 달리는 말에 올라탈 수는 없다. 달리는 말에 올라탈 정도가 되려면 말을 정말 잘 다룰 줄 알아야 한다. 그러지 못하는 사람이 무턱대고 올라타려고 했다가는 크게 다치고 말 것이다.

결국 '달리는 말에 올라타라'라는 말은, 주식을 잘 다룰 줄 아는 사람이 주가 상승에 편승해서 매매를 해야 한다는 이야기다. 그리고 말이 멈추면 고삐를 당기듯이 주가가 가다가 멈추면 리스크 관리도 할 수 있어야 한다.

어떤 말도 영원히 달리지 않는 것처럼 주식도 마찬가지다. 계속해서 오르기만 하는 주식은 없다. 따라서 오르는 주식이 멈추었을 때는 어떻게 대응해야 하는지도 알 수 있어야 한다. 우리는 그런 투자자가 되어야 한다. 진정으로 달리는 말에 '올라탈' 수 있으려면 말이다.

02

주식투자는
모두가 해서는 안 된다

모두가 같은 일을 동일하게 잘할 수는 없다. 그래서 어떤 일에 적합한 사람인지, 잘 해낼 사람인지를 알아보기 위해 그와 관련된 '직무검사'와 '적성검사'를 하는 경우가 있다. 그렇다면, 주식은 어떨까?

주식투자에 적합한지, 잘할 수 있는 사람인지 알아보기 위해 적성검사를 해보는 사람은 없다. 그저 누구나 제한 없이, 쉽게 주식투자를 시작한다. 하지만 솔직히 얘기하자면, 나는 누구나 주식투자를 해서는 안 된다고 생각한다.

이렇게 시작하는 단계부터 단정적으로 이야기하는 이유는, 그만큼 주식투자를 공부하고 실행하는 과정이 결코 만만치 않은 일이라는 것을 강조하기 위해서다. 주식투자는 많은 것을 꾸준히 배워야 하는 일이고, 또한 자기 자신과의 싸움을 지속해야 하는 일이기 때문이다.

주식투자는 자신의 성향과 투자의 방향이 일치할 때 수익이 극대화될 수 있지만, 그렇지 않으면 심신과 경제력에 치명적인 어려움이 생길 수도 있다. 따라서 주식투자에 나서기 전에 자신이 투자를 할 수 있는 상황인지, 잘 해나갈 수 있는 성향인지를 아는 것이 매우 중요하다. 투자에 접근하기 쉽다는 이유로 무턱대고 한다고 되는 일은 분명 아니기 때문이다.

자신의 성향을 아는 것이 중요하다

돈이 많다고 해서 주식투자를 잘할까? 이는 의외로 많은 사람이 주식투자에 대해 오해하는 부분이기도 하다. 물론 돈이 많으면 좀 더 유리한 상황일 수는 있지만, 이를 적절히 관리하지 못하면 오히려 돈이 적은 사람보다 더 큰 고통을 받게 될 수도 있는 것이 주식투자다.

투자 가능	상황 혹은 성향	투자 부적합
○	자금이 많다	
○	자금이 적다	
	도박을 좋아한다	○
	게으르다	○
	성격이 급하다	○
	귀가 얇다	○
	음모론을 신봉한다	○
	자존심을 내세운다	○

주식투자에서 정말 중요한 것은 투자의 금액이 아니라 투자를 마주하는 투자자의 관점이다. 앞서도 말했지만, 투자에서 발생하는 다양한 손실을 받아들이기 어렵다면 주식투자를 하지 않는 것이 좋다.

손실이 발생하면 투자자는 일단 고통을 느끼게 된다. 손실의 괴로움은 올바른 투자 판단과 정상적인 삶을 방해하게 된다. 이는 회피하거나 극복하려 한다고 해서 쉽게 해결되는 문제가 아니다. 따라서 이를 견디지 못하는 성향의 소유자라면 주식투자를 냉정하게 고려하는 것이 좋다.

단기간에 큰돈을 꼭 벌어야 하는 절박한 사람도 주식투자하기에 좋은 상황은 아니다. 큰돈을 단기간에 꼭 벌겠다는 것은 비논리적인 확률에 편승하겠다는 것으로, 불가능에 도전하는 것과 같다. 주식투자는 손실을 볼 때 적게 보고, 이익을 볼 때 많이 보는 것을 목표로 하는 중장기 레이스라고 생각해야 한다.

투자는 게으른 사람의 게임이 결코 아니라는 사실도 알아야 한다. 어쩌다 생각나면 책 한두 권 읽거나 손실이 발생해서 아쉬울 때만 공부를 하겠다는 생각이라면, 그냥 저축을 하는 것이 더 나을 것이다. 세상에 편하게 주식투자를 할 수 있는 방법은 없다. 장기 투자를 한다고 하더라도 단순하게 묻어두는 것이 아니라 해당 기업의 변화를 꾸준히 살펴야 한다.

도박을 좋아한다고 주식투자와 맞는 것 또한 아니다. 주식투자에서는 도박을 하듯이 섣부르고 무리한 베팅을 해서는 안 된다. 포커에서 돈을 가장 많이 잃는 사람은 무분별하게 덤비는 사람, 자신이 베팅할 때와 아닐 때를 구분하지 못하고 매번 게임에서 끝까지 돈을 거는 사람이다. 이러한 행위가 주식시장에서도 그대로 이어진다면 상당히 위험해질 수 있다.

다른 사람이 하는 말에 흔들리고 끌려다니는 귀가 얇은 사람도 조심해야 한다. 주식투자는 남을 따라가는 것이 아니라 자신의 판단과 결정으로 해야 한다. 그렇다고 해서 어떤 상황이든 자기 고집을 부리고 자존심만 내세우는 것도 곤란하고, 모든 상황을 부정적으로 보는 것도 경계해야 한다. 이래저래 주식투자는 어렵고 힘든 과정의 연속인 셈이다.

"투자 실수에 재빨리 대처하는 것을 어렵게 만드는 아주 복잡한 요인이 있다. 바로 우리 모두가 갖고 있는 자존심이다. 어느 누구도 자신이 틀렸다는 것을 스스로 인정하고 싶어 하지 않는다."

_ 필립 피셔, 『위대한 기업에 투자하라』

자존심을 버리고
겸손해져라

벌겋게 달아오른 장세에서 사야 할 것인가, 팔아야 할 것인가를 판단해야 하는 싸움. 곤두박질치고 있는 시장을 보면서 손해를 보고 팔아야 할 것인가, 보유하고 있어야 할 것인가를 결정해야 하는 싸움. 주식투자는 결국 자신과의 끝없이 고독한 싸움이다. 자기를 알고 통제할 수 있어야 꾸준한 수익에 다가설 수 있는 게임인 것이다.

주식투자가 적성에 맞지 않은 사람도 의외로 많다. 그런데 그러한 점을 모르는 사람들 역시 의외로 많다. 만일 앞서 살펴본 투자 부적합 성향 중 한 가지라도 당신에게 해당된다면, 주식투자에 대해 더욱더 신중히 생각하고 접근하기 바란다. 아무리 주식투자로 돈을 벌고 싶은 마음이 크다 해도 맞지 않는 것을 억지로 해서 수익이 나기는 어렵기 때문이다.

물론, 투자에 적합하지 않은 성격을 가졌다고 하더라도 자신이 가진 단점을 인정하고, 이를 극복하기 위해 노력하겠다고 한다면 충분히 투자를 시작할 수도 있다고 생각한다. 자신을 버리고 더 겸손해지면 된다. 자신의 성향을 객관적으로 파악해서 투자에 적합한 성향이 되도록 변화해나가면 된다. 사실 따지고 보면 처음부터 투자에 완벽히 적응할 수 있게 태어난 사람은 없을지도 모르겠다.

여러 어려움이 있어도 주식투자를 하기로 결정했다면, 독한 마음을 먹고 많은 것을 배우는 것에 매진해보자. 매달 소액으로 주식을 한 주씩 사서 모으든, 자신이 가진 거의 모든 재산을 주식에 투자하든, 투자를 하는 순간부터는 누구나 프로의식을 가지고 임해야 한다는 것을 잊지 말자. 무턱대고 남들을 따라 하지 말고, 자신에게 맞는 주식투자 방식을 찾아가보자.

"훌륭한 트레이더가 되고 싶다면 자존심을 버리고 더 겸손해져야 한다. 겸손한 마음이면 미지로 가득 찬 미래를 받아들이기 더 쉬워진다. 겸손하면 미래를 섣불리 예측하려는 시도는 하지 않게 된다. 겸손하면 시장이 자신에게 불리하게 전개되는 바람에 손절매를 하게 된 상황에 대해 기분 상해하지 않는다."

_ 커티스 페이스, 『터틀의 방식』

주식시장은 운과 실력이 혼재되어 있는 곳이다. 현명한 투자자라면 자신의 매매 손익이 운에서 비롯된 것인지, 노력에 의해서 발생한 것인지 구분할 줄도 알아야 한다. 그저 투자에서 수익이 났다고 좋아만 해서는 안 된다는 얘기다. 노력과 운은 때로 같이 움직이기도 하고, 때로 별개로 움직이기도 한다.

만약 투자 수익이 단순히 운에서 비롯되었다면 겸손한 마음으로 받아들여야 하고, 이와 같은 상황이 매번 반복되기는 어렵다는 현실을 인식해야 한다. 반면 자신의 실력으로 수익이 발생한 경우에는 이를 잘 기록하여 반복하는 노력을 하면 되는 것이다.

투자금이 많지 않은 개인투자자를 위한 조언

투자자들은 저마다 갖고 있는 투자 자금의 성격 또한 다르다. 충분한 여유 자금을 가지고 투자에 나서는 사람이 있는가 하면, 아르바이트한 돈을 모아 투자를 하는 대학생, 레버리지(빚)를 일으켜서 투자에 나서는 사람도 있다. 이 중 문제가 되는 투자자들이 빚을 내서 투자하는 사람들이다. 나는 증권사 재직 시절부터 그런 투자자들을 적지 않게 봐왔다.

빚을 내는 것은 은행과 증권사에서 모두 가능한데, 두 군데를 모두 이용하는 사람도 많이 봤다. 즉, 은행 대출을 받아 증권사에 와서 신용이나 담보 대출을 추가로 받는 것이다. 가진 돈이 없다 보니 이자를 내면서까지 대출을 받아 투자하는 것이다.

빚을 내서 투자하면 심리적 압박감을 더욱 크게 받을 수밖에 없다. 이는 정상적인 사고를 방해하고, 투자에서 필수적으로 발생하는 손실 구간에서의 적절한 리스크 관리도 방해한다. 빚이 없는 투자자들보다 실수할 가능성이 더 커지는 것이다.

통상 마이너스 5% 수준에서 손절매를 하던 투자자도 빚을 내서 투자하면 그 기준이 흔들리게 된다. 그 5%를 원금 기준으로 할 것인지, (빚을 포함한) 총 투자금을 기준으로 할 것인지에 따라서 결과가 크게 달라지기 때문이다. 원금 기준으로는 손절매 가격대가 너무 가까워지고, 총액 기준으로는 너무 멀어진다.

위대한 주식 심리학자인 알렉산더 엘더Alexander Elder는 투자할 돈이 없으면 아르바이트를 해서라도 금액을 늘리라고 했다. 빚을 내라는 것이 아니라 자신의 자금으로 투자하라는 이야기다. 그래야 올바른 투자를 할 수 있다. 빚을 내는 순간 투자가 아니라 투기가 된다.

당신은 다음 그림에서 어떤 점이 눈에 들어오는가? 증권사의 신용 잔고가 늘어난 사항에 관심이 있는가? 나는 약 10조 원 수준이던 신용 잔고가 2020년 3월 6조 5000억 원 수준으로 줄어든 모습을 보고 가슴이 철렁해진다. 이때는 코로나19가 전 세계에 퍼지면서 경제 및 주식시장에 큰 충격을 준 시기다. 당시 주가가 연일

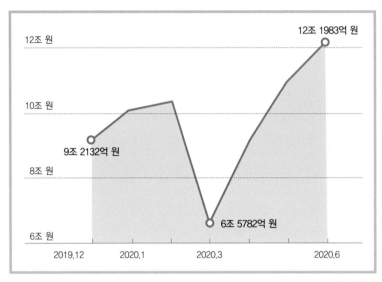

국내 신용 융자 잔고 추이

12조 1983억 원

12조 원

10조 원

9조 2132억 원

8조 원

6조 5782억 원

6조 원

2019.12   2020.1   2020.3   2020.6

자료: 금융투자협회

하락하면서 짧은 시간에 지수가 약 30% 이상 하락했다. 그때 신용 등의 매매를 했던 많은 투자자들이 증권사로부터 '마진콜^Margin call(고객의 손실액이 일정 수준을 초과해 유지 증거금이 부족한 경우 증거금을 채워넣도록 고객에게 요구하는 일)'을 당했고, 일부는 반대매매(청산)를 당했다. 이런 이유를 거쳐 신용 잔고가 약 40% 정도 줄었다. 이익을 실현한 게 아니라 투자자들이 흘린 눈물의 결과인 것이다.

이처럼 레버리지를 하면 하락장에서 대부분 속수무책으로 당하게 될 수 있다. 그런데도 왜 레버리지를 사용할까? 결국 욕심 때문이다. 적은 자본으로(심지어 자본이 없는데도) 큰 수익을 보고 싶기 때문이다.

매매 수익에서 남들과 비교를 하는 경우가 흔히 있다. 주위의 다른 투자자는 1억 원의 원금에서 10% 수익을 얻어 1000만 원이 생기는데, 자신은 원금이 1000만 원이라서 동일한 10% 수익이 나도 100만 원만 버는 상황을 쉽게 받아들이지 못한다. 그래서 레버리지를 생각하게 되는 것이다.

그러나 투자자는 절대 금액에 포커스를 두고 투자해서는 안 된다. 포커스를 자신의 원금 대비 수익률에 맞춰야 올바른 투자를 할 수 있다는 것을 명심하자. 현실성 있게 100만 원이라도 5%, 10%씩 차근차근 모아가는 것이 중요하다. 이를 꾸준히 유지할 수 있는 실력을 갖춘다면, 긴 호흡으로 볼 때 큰돈을 효율적으로 관리할 수 있는 날이 꼭 올 것이다.

03

실수를 줄여서
오히려 이기는 투자

보통의 개인투자자는 체계적으로 잘 훈련된 전문 투자자가 아니다. 따라서 당연히 전문 투자자들과 다른 전략으로 주식시장에 접근해야 한다. 이는 투자의 목표 및 방법을 전문 투자자와는 다르게 설정해야 한다는 의미다. 이게 무슨 이야기인지 구체적으로 살펴보자.

프로 씨름 선수였던 강호동 씨가 TV에서 각종 게임을 할 때마다 연예인인 같은 팀 동료들에게 강조하는 말이 있다.

"잘하려 하지 말고, 실수만 하지 마라. 그리고 상대방이 실수할 때까지만 버텨라."

그가 이렇게 말할 수 있는 것은 다양한 게임의 법칙을 잘 알고 있기 때문이라고 생각한다. 프로들의 게임 법칙은 당연히 압도적 기술로 상대방을 제압하는 것이다. 프로의 세계에서는 실력이 승패를 좌우한다. 하지만 일반인들의 게임에서는 '누가 실수를 덜 하는가'가 관건이다. 이기려는 욕심이 과도하게 앞서 상대방을 어설프게 제압하려고 들면(실력으로 제압하는 게 아니라), 오히려 실수를 하게 되는 경우가 많다. 이럴 때는 섣부르게 나서기보다는 오히려 견디고 버티는 전략을 구사하는 것이 더 현명할 수 있다는 얘기다.

너무 잘하려 하지 말고, 실수만 하지 마라

주식투자도 마찬가지다. 몇 가지 사례를 통해 살펴보자.

첫 번째, 투자할 주식을 발견(?)하면 자신의 투자 자금을 '몰빵'하여 이른바 대박을 터트리고자 하는 경우다. 자신이 확신을 가지고 종목을 선정한 것이든 아니면 신뢰하는 누군가로부터 정보를 얻은 것이든, 이번 기회에 그동안의 손실을 만회해 인생 한번 펴보자는 생각으로 무리해서 투자하는 것이다. 심지어 빚까지 내가면서 레버리지 효과를 노리기도 한다.

이런 경우 대부분은 '수익이 반드시 날 것'이라는 생각에 사로잡혀 오히려 시야가 좁아지면서 주가의 방향성을 제대로 바라보지 못하게 된다. 또한 자신이 가진 모든 자금을 투여하는 것이라면 리스크 관리를 더욱 철저히 해야 함에도 불구하고, 오히려 두려움 때문에 리스크 관리를 더 못 하게 된다. 그래서 결국은 큰 손실로 마무리되는 경우가 발생하는 것이다. 과도한 기대에 따른 심리의 변화와 손실의 공포에 따른 두려움이 매매를 실수로 이끌게 되는 것이다.

두 번째는 앞의 경우와 반대로, 주식시장이 자신이 생각한 대로 움직이는 것을 보고 '나는 주식시장의 흐름을 잘 읽어낸다'라고 스스로 자만하는 경우다. 이런 상황에서 투자자는 자연스럽게 어깨에 힘이 들어가게 된다. 자신이 시장을 정확히 읽고 있다는 강한 확신으로 계속해서 매매하는데, 한두 번 성공했어도 결국에는 시장의 배신(?)으로 큰 손해를 보며 마무리하게 되는 상황이 온다.

세상의 어느 누구도 주식시장의 움직임을 정확히 예측할 수 없고, 계속해서 맞힐 수 없다. 하지만 그러한 상식을 잊는 순간 실수가 시작된다. 그러니 주식시장이 자신의 생각과 맞게 움직인다고 하더라도 흥분하지 말고 자기 중심을 잡고 원칙을 지켜야 하는 것이다.

세 번째, 감히 주식시장과 싸워 이기려고 하는 경우다. 주식시장이 틀리고 자신이 맞다고 생각을 하는 것이다. 주로 사회에서 성공을 많이 경험한 사람들이 이러한 경향을 갖는 경우가 많다. 자신이 그동안 잘 해왔고, 또한 잘 헤쳐왔기 때문에 상당한 노하우가 쌓여 있고, 그래서 주식시장 또한 이길 수 있을 거라고 생각하는 것이다.

하지만 주식시장의 게임의 룰은 일반적인 사회의 룰과 다르다. 잘 싸운다고 이기는 곳이 아니다. 리스크 관리가 없다면 반드시 실패하는 곳이 주식시장이다. 따라서 주식시장과 싸운다고 생각하면 필패하게 된다.

> "주식시장에 확실한 것은 없다. 이 사실을 인정하고 그에 대처해야 한다."
>
> _ 니콜라스 다비스, 『나는 주식투자로 250만불을 벌었다』

주식시장은
사회와 다르다

일반적으로 사회에서는 내가 100의 노력을 하면, 평균적으로 70~120 정도의 성과를 거둘 수 있다. 하지만 안타깝게도 주식시장은 노력 대비 좋은 성과가 나타날 확률이 사회의 평균에 훨씬 못 미친다. 플러스의 성과보다 오히려 마이너스의 결과가 나오는 경우도 심심찮게 접하게 되니 말이다(일단 주식은 매수하는 순간 마이너스가 된다. 수수료와 세금이 있기 때문이다).

투자자들의 흔한 오류 중 하나가 사회생활을 하듯이 근면 성실하게 주식시장에 접근하면 투자에서도 성공할 수 있을 거라는 생각이다. 그래서 나름대로는 열심히 노력을 하는데, 옆에서 우연히 들은 정보로 큰 수익을 내는 투자자를 보면 허탈감에 빠지게 된다. 그래서 정보만이 큰 수익을 확실하게 줄 수 있는 방식이라는 잘못된 믿음을 갖게 되는 경우도 생긴다.

한편으로는 이에 자극을 받아 더욱더 근면 성실해지는 이들도 있다. 9시부터 3시 30분까지 주식시장에 바짝 붙어서 주시하고, 나머지 시간에는 기업 분석과 차트 분석, 종목 토론방 참석, 유튜브 및 블로그 검색 등으로 시간을 보내기도 한다. 이렇게 주식시장과 계속 붙어 있어야 주식과 투자에 대해 좀 더 많은 것을 알게 되고, 더 많은 수익을 얻게 될 것으로 생각하기 때문이다. 결과가 좋지 않을 경우 이러한 면에 더욱 매달리는 모습을 흔히 보게 된다.

그러나 이는 주식시장에서의 근면 성실과는 거리가 멀다. 직장 생활 열심히 하듯이 증권 시세 창 앞에 오래 앉아 있는다고 성실한 것은 아니라는 얘기다. 주식시장은 사회와는 다른 방식의 근면 성실을 요구한다.

주식시장에서의 근면 성실은 변동성이 강한 시장에서 생존할 수 있는 방법을 모색하고 그 방식을 지켜나가는 것을 의미한다. 주식시장의 변동성은 사회에 비할 바가 아니다. 그런 주식시장에서 살아남으려면 자신만의 생존법을 마련해야 하는데, 이는 결국 주식 계좌와 리스크를 어떻게 잘 다룰 수 있는가 하는 것으로 귀결된다. 주식시장에서 리스크를 피하는 방법은 없다. 누구나 리스크에 노출되어 있다. 그래서 이를 다룰 수 있는 기술적인 방법과 심리적 대안을 사전에 모색해야 한다.

투자자들은 바로 이런 점들에 부지런해야 한다. 주식시장을 객관적으로 보고, 그 속에서 계좌를 어떻게 효율적으로 지킬 것인가를 모색하는 데 부지런해야 한다. 물론 처음에는 불안감이 생길 수 있다. 하지만 시세와 거리를 두는 데 익숙해져야 한다. 대신 기업 공시 자료와 리포트를 읽고, 투자와 관련된 서적은 꾸준히 봐야 한다. 그러한 것에 시간을 쓰는 것으로 근면 성실하면 된다. 워런 버핏은 주식의 시세가 아니라 기업 보고서를 보는 데 대부분의 시간을 보낸다는 사실을 기억하자.

04
주식투자에 어떻게
접근해야 할까?

"투자는 정확히 한 가지로 이루어진다. 바로 미래를 상대하는 것
이다. 하지만 미래를 아는 것은 불가능하다."

_ 하워드 막스, 『투자에 대한 생각』

미래를 모르기 때문에 우리는 이에 대비해야 한다. 주식투자를
하려면 그리고 주식투자를 잘하고 싶다면, 더더욱 공부가 필요한
이유다. 그럼 공부는 어떻게 해야 할까?

사실 공부를 하려고 해도 난감한 초보 투자자들이 많을 것이다.
다른 분야는 잘 짜인 커리큘럼이 많이 나와 있는 데 반해 주식투

자 공부법에 대해서는 정석처럼 나와 있는 커리큘럼이 거의 없다. 그러다 보니 투자에 대해 배우겠다는 의지는 있지만, 투자 공부에 대해서는 막연하게 생각하는 사람들이 많을 수밖에 없기도 하다. 무엇을 어디서부터 어떻게 시작해야 할지 잘 모르는 것이다. 그래서 어쩔 수 없이 독자적으로 알음알음 정보를 얻거나 혼자서 두서없이 공부를 하게 되는 경우도 많다.

실제로 주식투자를 한다는 사람을 만날 때마다 공부를 어느 정도 해왔는지 물어보면, "뭐 그냥……" 정도로 얼버무리듯이 얘기를 하는 경우가 흔하다. 대체로 주식 책을 몇 권 사서 봤다거나 증권 방송을 봤다거나 인터넷카페의 글을 읽었다거나 강연을 들었다는 정도다. 나름의 체계를 잡아서 공부를 해왔다고 자신 있게 이야기하는 사람은 아주 소수에 불과하다.

투자 공부에
왕도는 없다

운동을 처음 배울 때를 떠올려보자. 대표적인 1인 운동인 골프를 예로 들면, 남들과 동일한 조건의 필드에서 홀로 골프채를 들고 다양한 상황에 맞서 점수를 만들어간다. 1인 운동이지만 상대방(동반자)의 행동에도 영향을 받기 때문에 다양한 상황에 따른 대응 방식을 사전에 배워야 한다.

골프 레슨은 여러 명을 한꺼번에 모아놓고 동일하게 가르치는 것이 아니라 한 명을 일대일로 가르치는 것이 일반적이다. 최소 서너 달에서 길게는 1년여 동안 교육생 스스로 실제 채를 휘두르게 하고, 전문 코치가 중간에 잘못된 스윙 자세 등을 교정해주면서 옆에서 이끌어준다.

어떤 운동이든 사실 이론은 간단하다. 골프는 어깨너비로 발을 벌리고, 자연스럽게 채를 잡아서, 원형으로 채를 휘두르며 공을 치면 된다. 이때 핵심은 공을 끝까지 보는 것이다. 그런데 다양한 이유로, 이론대로 잘 되지 않는다. 골프보다도 훨씬 친숙하고 대중적인 다이어트는 더 간단하다. 평소보다 적게 먹고 무슨 운동이든 시작하면 된다. 근데 이 또한 쉽게 되지 않는다. 왜 그럴까?

골프에서 어깨너비로 발을 벌리고 서는 것만 해도 각자의 체중과 키 등의 조건에 따라 그 정도가 다 달라진다. 그래서 몇 센티미터를 벌려야 한다가 아니라 어깨너비만큼이라고 다소 두루뭉술하게 이야기하는 것이다. 결국은 각자의 상황에 맞게 익히는 것이 중요하다는 의미다.

또한 골프에서 날아가는 공의 궤적을 보면서 잘못된 자세를 바로잡듯이, 무엇이든 잘못된 부분을 수정해가면서 익히는 것이 중요하다. 다이어트도 마찬가지다. 체질에 맞는 식단으로 관리하고 운동을 병행하면서 수시로 자신의 상황을 점검해야 효율성을 높일 수 있다.

주식투자도 다르지 않다. 자신에게 맞는 투자 방식을 익혀서 실전에 임하고, 수시로 상황을 점검하면서 잘못된 것은 바로잡아가는 것이 필요하다. 그런데 안타깝게도 대부분의 투자자는 마음이 급하다. 일정 시간 공부해서 투자 방식을 익히는 일이 먼저가 아닌 것이다. 매일 매시간 움직이고 있는 주식시장 안에 들어가 빨리 돈을 벌고 싶은 마음 때문이다. 그래서 몇 가지 이론만 어설프게 배워서 실전에 들어가는 경우가 많다.

그러나 골프든 다이어트든 주식투자든, 처음 시작할 때가 가장 중요하다. 처음에 제대로 하지 못하면, 나중에는 이미 익숙해진 습관을 바꿔야 하는 것이기 때문에 이를 바로잡는 것이 더 어려워진다.

누구나 자신에게 맞는 방법을 제대로 찾을 때까지는 많은 시간 투자가 필요하다. "공부할 시간이 없다"라는 말을 정말 많이 하는데, 안타깝게도 다른 방법은 없다. 고통 없이 이뤄지는 것은 없다. 공부를 통해 자신의 투자 기법을 스스로 세우고 다듬어야 한다. 그렇게 해서 어느 정도 단계가 되면 효율적인 시간 활용도 충분히 가능해지는 때가 온다.

"나는 하나의 성공을 위해서 필요하다면 1년이라도 기다리는 법을 배워야 한다는 것을 알았다. 그리고 또한 어떠한 경우에도 내가 세운 원칙을 부정하고, 적당히 타협함으로써 내 돈을 찔끔찔끔 날릴 수가 없었다."

_ 니콜라스 다비스, 『어메이징 박스이론』

공부에 대한 핑계

핑계 없는 무덤은 없다. 공부를 하는 데 가장 많은 핑계는 무엇일까? 의외로 가족 핑계를 대는 투자자들이 많다. 가족과 보내는 시간이 중요해서 공부할 시간이 없다는 것이다. 물론 배우자나 아이들과 시간을 보내는 것도 중요한 문제다. 그러나 투자에 대해 공부하겠다고 결심한 이상, 그런 핑계를 대서는 안 된다. 사전에 가족에게 양해를 구하고 공부할 시간을 확보하는 것이 좋다. 매일 저녁 1시간, 혹은 주말 3시간 이렇게 말이다. 나머지 시간은 가족에게 더욱 충실하면 된다. 투자자는 이래저래 부지런해야 한다.

투자 조언,
어떻게 받아들일까?

일단 주식투자를 시작하면 투자에 대한 조언이 사방에서 들린다(반대로 투자자가 조언을 찾아 나서기도 한다). 그런데 다양한 조언은 때로 올바른 매매의 방향을 잡도록 돕는 것이 아니라 오히려 혼란에 빠지게 만들기도 한다. 조언자다마 다 다른 투자 방향과 방법을 이야기하는 경우가 많기 때문이다. 그래서 이러저러한 이야기를 듣다 보면 정작 자신의 생각과 매매 원칙이 흔들리기도 한다.

투자자는 조언을 접할 때 다음의 세 가지 관점을 갖는 것이 좋다. 첫째, 시장을 항상 완벽히 이야기해주는 조언은 없다는 한계를 분명히 인식해야 한다. 전문가들은 시장을 정확히 읽을 것이라고 생각하는 경우가 많지만, 전문가라 하더라도 주식시장을 완벽히 읽는다는 것은 불가능하다. 현실적으로 많은 변수가 작용하기 때문이다. 전문가도 인간이므로 일반투자자들처럼 개인적인 편견과 한계에서 벗어날 수 없다. 따라서 전문가의 의견을 절대적으로 받아들이지 말고, 그들의 의견을 듣되 자신의 생각과 비교해서 그 조언을 받아들일 것인지 말 것인지를 결정해야 한다.

둘째, 조언을 해주는 당사자는 그동안 자신이 시장을 바라보고 매매해왔던 자신의 투자 방법을 근거로 이야기한다는 것을 이해해야 한다. 주식으로 큰돈을 번 사람들의 특징을 보면, 모두 '동일한 투자 방법'으로 수익을 낸 것이 아니라 '자신만의 투자 방식'으로 수익을 냈다. 조언자 역시 자신만의 투자 방법을 통해서 수익을 내고 조언도 할 수 있는 위치까지 올라간 것이다. 따라서 조언자라고 해서 모든 투자 방법에 통달했다고 할 수는 없다. 투자자는 이러한 점을 알고, 즉 조언자의 투자 성향을 잘 알고 조언을 들어야

한다. 나와 다른 관점일 수 있음을 명확히 인식한 뒤에 그들의 의
견도 참고해서 시장을 더 폭넓은 시각으로 바라보는 데 활용하는
것이 현명한 방법이라고 하겠다.

"다른 사람의 방식을 자신의 방식에 접목시키려 하다간 두 방식
의 최악의 단점만을 취하게 돼요."

_ 잭 슈웨거, 『시장의 마법사들』

셋째, 조언자의 이야기를 냉정하고 객관성 있게 받아들이는 것
이 아니라 투자자가 듣고 싶은 이야기만 듣는 오류에 빠질 수 있
음을 인식해야 한다. 조언을 구한다는 것은 여러 의견을 들어보고
자신의 생각과 비교해서 더 나은 선택을 하기 위함이다. 그럼에도
은연중 자신이 듣고 싶은 이야기만을 찾고, 듣게 되는 경우가 많
다. 주가가 내려가는 상황에서 자신이 가진 주식이 오르기를 기대
한다면, 아주 작은 부분이라도 주가가 오를 만한 이유에만 집중하
고 나머지는 애써 무시하게 되는 것이다.

"어떤 결정 이후에 우리는 그 결정을 지지하는 데이터에 대해서
는 관대한 반면, 반대되는 자료들에 대해서는 거부 반응을 보이거
나 부인하는 경향이 있다."

_ 마이클 모부신, 『미래의 투자』

투자자는 이 점을 염두에 두고 조언을 들을 때 최대한 객관성을 유지하려고 해야 한다. 자신의 생각과 다른 생각은 오히려 더 경청하고, 그 이유를 찾으려 노력하는 자세가 필요하다. 그래야 심리적 오류를 방지할 수 있다.

무조건 장기투자가
답일까?

주식투자에 나서는 투자자들의 연령층이 다양해지고, 한편으로는 낮아지고 있다. '주식투자는 어느 정도 부를 축적한 이후에 여유자금으로 하라'라는 금과옥조 같은 격언은 이제 변화를 꾀하는 시대가 됐다.

약 30여 년 전 시중은행 금리는 무려 10%에 달했다. 그때는 저축만 열심히 해도 충분한 시절이었지만, 이제는 먼 옛날의 이야기가 되어버렸다. 그때는 이것저것 특별히 신경 쓸 필요도 없었다. 그저 저축을 위한 돈을 버는 데 집중하면 되었다. 물가상승률이 물론 높기는 했지만, 돈은 은행에서 자동으로 불어났다. 절약과 저축이 미덕이었고, 그 외의 다양한 투자는 소위 이재理財에 밝은 소수만이 하던 때였다.

2020년 9월 현재 기준 금리는 0.5%다. 이러한 상황에서 저축은 큰 의미가 없다. 물가를 고려하면 실질 금리는 마이너스라 해도 무방하다. 그래서 돈을 불릴 효과적인 방법을 찾는 사람들이 늘고 있고, 그중 주식투자에 나서는 사람들이 늘고 있는 것이다.

저금리와 장기투자

주식투자는 단순히 은행에 돈을 넣어두는 것처럼 해서는 수익이 나지 않는다. 그런데 주식투자를 저축처럼 하려고 하는 사람이 많다. 그러나 저축과 투자는 분명 다른 영역이다, 그것도 아주 많이.

여러 번 강조컨대, 올바른 주식투자를 하기 위해서는 많은 것을 새롭게 배우고 익혀야 한다. 배우지 않고 투자에 나서는 것은 총알이 빗발치는 전쟁터에 훈련 없이 나가는 것과 똑같다. 그런 상황에선 '운'이 좋지 않으면 결코 살아날 수 없으니 오직 '운'만 믿어야 한다.

그런데도 일부 조언가는 공부에 관한 이야기는 빼고, 그저 전장에 나가서 버티기만 하면 이길 수 있다고 부추기기도 한다. 무조건

유가증권 시가총액 상위종목 변화

(단위: 조 원, %)

2010년 11월 30일		2020년 5월 14일		
종목	시가총액	종목	시가총액	증감률
삼성전자(1)	121.7	삼성전자(1)	286.5	135.5
POSCO(2)	39.6	POSCO(16)	14.6	−63.0
현대차(3)	38.0	현대차(9)	19.7	−48.1
현대모비스(4)	26.8	현대모비스(14)	16.1	−39.8
LG화학(5)	25.7	LG화학(6)	24.3	−5.4
신한지주(6)	21.2	신한지주(17)	13.9	−34.2
KB금융(7)	20.9	KB금융(19)	12.9	−38.4
삼성생명(8)	19.5	삼성생명(27)	8.9	−54.4
기아차(9)	19.4	기아차(21)	11.6	−40.0
한국전력(10)	17.8	한국전력(15)	14.9	−16.4

* 물적분할된 현대중공업(2010년 11월 30일 기준 4위, 현재 한국조선해양) 제외. ( ) 안은 시총 순위

자료: 한국거래소

10년만 지나도 시가총액 상위 종목의 변화는 반드시 생기게 된다. 이를 20년, 30년으로 늘리면 그 변화는 더욱 심해질 것이다. 따라서 시가총액 위주의 묻지마식 장기투자는 투자의 절대 법칙이 될 수 없다는 것을 알아야 한다.

주식을 사서 장기간 편하게(?) 보유하고 있으면 된다는 것이다. 종합주가지수는 수년째 박스권에 머물고 있어서 인덱스펀드의 수익률도 별로 좋지 않은 상황인데, 기다리면 언젠가는 올라간다고 말

한다. 이런 이야기를 듣다 보면 정말 무슨 종목이든지 사서 두기만 하면 알아서 오른다고 생각하게 된다. 어렵게 주식투자를 배우지 않아도 된다는 생각에 장기투자가 더 솔깃하게 들린다. 투자 공부를 무기력하게 만드는 것이다. 하지만 그 '언젠가'는 대체 언제일까? 무한정 기다릴 수만은 없는 여건의 투자자는 그럼 투자하지 말아야 할까? 너무 무책임한 이야기가 아닌가 싶다.

투자는 과학이 아니라 예술이다. 주식시장에는 과학적으로는 설명하기 어려운 요인들이 무수히 많이 작용한다. 그래서 올바로 배워야 한다. 단순히 지식을 나열하는 것이 아니라 실행 과정의 다양함과 정교함을 배워야 한다.

요행을 바라면서 로또를 사듯이 투자하는 사람들이 너무 많다. 물론 살다 보면 바라던 요행이 찾아올 수도 있다. 그러나 그런 운은 기껏해야 인생에 한두 번이다. 주식투자는 한 번의 요행으로 이루어질 수 있는 것이 절대 아니다. 실력으로 차근차근 쌓아가야 하는 것임을 잊지 말자.

장기투자의
이면

장기투자를 주장하는 사람들이 많이 드는 예 중 하나가 '삼성전자' 주식과 '압구정 현대아파트'의 시세 상승에 따른 수익률 비교다.

	1985년	2015년	수익률
삼성전자 주식	7500원	125만 원	16666%
압구정 현대아파트	9500만 원	20억 원	2100%

　하지만 이는 성공과 운이 결합된 결과를 두고 이야기하는 대표적인 오류라고 할 수 있다. 일부 주식 수익률이 부동산을 앞서긴 했지만, 이를 단순 비교하는 것은 실정에 맞지 않는다고 생각한다. 부동산은 '불패 신화'라는 수식어가 붙을 정도로 좁은 땅에서 큰 위력을 발휘했다. 하지만 주식시장은 시장의 부침에 따라 흥망성쇠를 거듭했다.

　부동산은 대체로 장기투자가 가능했고, 대체로 크게 올랐다. 하지만 일반적인 투자자들이 주식을 장기간 보유한다는 것은 불가능에 가까운 일이었다. 1980~90년대는 기업의 연속성을 믿고 투자를 할 수 있는 환경이 아니었다. 또한 주식은 부동산보다 거래가 편리하기 때문에 다양한 이유로 거래의 단기화가 촉진된 면도 있다.

　이런 상황에서 결과만 가지고 주식의 수익률이 월등히 높다고 하는 것은, 주식시장에 발을 담그고 있는 사람으로서 낯간지럽다고 느껴진다. 삼성전자나 현대아파트의 대표성도 쉽게 인정하기 어려운 면이 있다. 1980년대 최고 우량주였던 은행주를 가지고 있던 투자자는 IMF 때 그 주식들이 휴짓조각이 되는 경험을 했을 것이다. 또한 삼성전자와 같은 반도체 주식인 SK하이닉스도 현대전자 시절 수많은 개미의 눈물을 흘리게 한 주식 중 하나다.

그럼 종합주가지수에 장기투자를 하는 것은 어떨까? 2020년 종합주가지수가 2400p 정도 되니 존 보글^{John Bogle}(주가지수에 투자하는 인덱스펀드의 창시자)의 말처럼 '인덱스'에 투자하면 되지 않나 생각할 수도 있다. 그러나 지수에 대한 장기투자도 한번 깊이 생각해봐야 한다.

일단 장기를 어느 정도의 기간으로 봐야 하는가도 모호하다. 우리나라는 (2020년 기준) 약 10년간 박스피라는 이름으로 지수가 정체를 보이며 수익이 나지 않는 상황이다. 이를 언제까지 기다려야 할까? 10년이면 너무 짧은 기간일까? 일본에서 '잃어버린 20년' 동안 투자한 이들이 수익을 보지 못했던 사실을 상기해야 한다.

일본의 잃어버린 20년과
미국의 장기 호황

세계 증시는 각기 다른 흐름이 있다. 일본은 1970~80년대 전 세계에서 최고의 주가 상승률을 보여주었다. 당시 미국 주가의 움직임은 다소 정체를 보였고, 일본은 떠오르는 아시아 신흥국의 면모를 힘껏 과시했다. 이때 미국 투자자로서 글로벌 투자를 이끌었던 존 템플턴John Templeton은 남들과 다른 안목으로 일본에 투자해 큰 수익을 거두기도 했다.

하지만 존 템플턴도 일본 시장의 상승세가 꺾일 조짐을 보이자 빠져나왔고, 그래서 수익을 지킬 수 있었다. 만약 그때 이익을 실현하지 않았다면 수익은커녕 긴 손실의 터널 속에 있었을 것이다. 그 뒤에 일본의 이른바 '잃어버린 20년'이 이어졌기 때문이다. 우리는 경제 구조가 비슷한, 즉 수출 주도형 산업 구조를 가진 일본의 경제 불황 역사를 잊지 말아야 한다.

1990년대부터 미국 시장이 급격한 상승세를 타기 시작했지만, 장기투자를 하면 미국 시장에서와 같이 무조건 돈을 벌 수 있다고 굉장히 희망 섞인 이야기를 하는 것도 분명 경계해야 한다. 미국발 장기투자에 대한 부분은 걸러서 들어야 하는 부분이 있기 때문이다. 미국 시장에서 돈을 번 구체적인 예로 흔히 두 사람의 사례를 드는데, 한 명은 국내에서도 대중적으로 유명한 워런 버핏이고, 다른 한 명은 앞서 언급했던 인덱스펀드의 창시자 존 보글이다.

워런 버핏이 훌륭한 투자자라는 데에는 이견이 없을 것이다. 그는 주식투자로 전 세계에서 가장 많은 돈을 벌었다. 하지만 급변하는 한국 주식시장의 일반 투자자들이 그의 행적을 따라 하는 데에

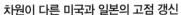

차원이 다른 미국과 일본의 고점 갱신

는 분명 한계가 있다. 투자 대상인 한국 기업의 성질이 미국 기업의 성질과 많이 다르기도 하다.

존 보글은 인덱스펀드를 창시해 주식 거래비용을 줄이고 수익을 극대화하는 전략을 수립했다. 그래서 국내외에서 비용이 저렴한 인덱스펀드가 만들어지는 데 크게 기여하기도 했다. 하지만 안타깝게도 한국 증시가 잘 따라가주지 못하고 있다. 10년이 넘게 주식시장이 박스에 머물러 있어서 장기투자자들의 속을 태우고 있다.

그런데 전문가라는 사람들은 왜 미국 이야기만 할까? 미국 시장은 전 세계에서 유일하게 장기 우상향하는 패턴을 보여주었다. 상승의 이야기로 투자자들을 묶어두기 좋은 것이다.

　물론 우리나라가 미국과 같은 모습을 보이지 못할 거라고 단언할 수는 없다. 하지만 우리와 미국은 경제 구조와 상황이 다르다. 비교를 하려면 우리와 경제 구조와 상황이 비슷한 일본과 하는 게 더 타당하다고 생각한다. 이는 실제 투자를 하는 투자자가 깊게 고민해봐야 하는 부분이라 하겠다.

냉장고를 살 때와 주식을 살 때, 왜 다를까?

냉장고

목표 설정 얼마 전 어머니께서 냉장고를 바꾸겠다고 말씀하셨다. 냉장고가 사용 연한을 넘긴 지 오래되어 집안 살림에 적절한 크기와 성능을 갖춘 냉장고를 마련하고자 당신 스스로 목표를 세우신 것이다. 연세가 많으시지만 어머니의 냉장고 교환은 다른 사람들의 방식과 크게 다르지 않은, 자신의 경험과 노하우를 이용하는 방식으로 진행이 되었다.

정보 검색 먼저 딸들과 냉장고의 최신 동향에 대해 의견을 교환하셨다. 냉장고에 문외한인 내가 듣기엔 다소 어렵고 생소한 용어도 자연스레 구사하면서 서로 정보를 주고받았다. 그리고 TV홈쇼핑의 시간표를 구하셔서 냉장고 판매 방송 때마다 시청하셨다. 그러면서 들은 이야기를 눈으로 익히는 과정을 수행했다. 마지막으로 아들에게 몇 곳의 마트를 동행 방문해줄 것을 요청하셨다. 마트에서는 직접 만져보고, 전문가인 직원의 안내를 받아 질문을 계속하면서 자신이 모르는 것을 직접 확인하는 계기로 삼으셨다.

매수 그럭저럭 얼마간의 시간이 흘렀고, 심사숙고 끝에 사고자 하는 냉장고를 두 가지로 압축했다. 이후 본격적으로 두 냉장고의 각종 할인 혜택을 비교 검토했고, 최종적으로 정가 210만 원짜리 냉장고를 다양한 할인 혜택을 받아 170여만 원에 최종 구매하셨다.

주식

목표 설정 주식투자에서 수익은 당연히 다다익선多多益善이다. 즉 많을수록 좋다. 노력보다는 수익에 집중한다. 특히 운이 따라서 오늘 사서 상한가 한 방 먹어야 주식투자하는 기분이 나지 않겠는가?

정보 검색 종목 토론방이 재미있다. 그리고 여기저기 정보를 수소문한다. 누군가 한마디 하면 바로 여기저기 검색하게 되는데 마치 투자를 공부하는 듯한 느낌도 든다. 종목을 찍어주는 유튜브와 증권 방송도 오래도록 시청한다.

매수 재무제표는 당연히 패스. 차트 한번 보고 좋아 보이면 행복한 꿈을 꾸며 현재가 매수를 한다.

통상적으로 주식투자와 냉장고 중 어디에 더 많은 돈을 지불할까? 아마도 주식투자일 것이다. 물론 냉장고는 소비형 내구재로 장시간 사용에 필요한 돈이고, 주식투자는 단순 회수가 아니라 큰 수익을 안겨줄 수도 있다는 차이점이 있다. 그렇다 하더라도 돈을 지출하는 과정에서 그다지 깊은 고민을 하지 않는 것은 사실이다.

　나는 주식을 사는 것과 냉장고 사는 것을 다르게 인식해서는 안 된다고 생각한다. 주식투자를 할 때도 냉장고를 살 때와 같이 신중히 살피고 연구하고 고민하는 것이 필요하다. 이렇게 이야기하면 "주가가 계속 움직이기 때문에 고민할 시간이 없어요"라고 반박할 수도 있다. 그러나 그렇기 때문에 더더욱 투자할 종목을 사전에 신중히 골라놓는 과정이 중요하다('종목 POOL 구성'에 관해서는 파트 4에서 다룰 것이다). 설혹 미리 골라놓은 종목이 아닌 다른 종목을 매수하는 경우라도 급등하는 주가를 쫓아가기보다는 다소 여유를 가지고 접근할 필요가 있다. 오늘이 아니라도 주식시장은 항상 열려 있고, 또한 수많은 종목이 계속 매수 대상에 오를 것이기 때문이다.

　급한 건 주식이 아니라 투자자의 마음이다. 이는 투자에 자신이 없을수록 더욱 확연히 드러난다. 어쩌다 온 좋은 기회를 놓치고 싶지 않기 때문이다. 하지만 실력이 있는 투자자는 느긋하게 검토하고, 설혹 투자 기회를 놓치더라도 다음을 기약한다. 스스로 실력을 키워서 주식투자에 얽매이지 않게 되기를 바란다.

Part 2

터틀 트레이딩 2단계: 투자 목표 설정

목표가 다르면
전략도 달라진다

투자하려는 목적과 원칙을 구체적으로 세워라

무슨 일이든 시작하기 전에 가장 먼저 해야 하는 일은 자신이 그 일을 왜 하고 싶고, 어떻게 해서 결과를 만들어낼 것인가에 대해 고민하는 것이다. 이런 고민을 하지 않는다는 것은 자신의 노력으로 결과를 만들어내려는 것이 아니라 은연중 행운을 바라는 것임을 알아야 한다.

주식투자 역시 가장 먼저 해야 할 것은 투자의 목적을 명확히 수립하는 것이다. 앞 장에서 주식투자 공부에 대해 강조했는데, 공부라는 파도를 넘으려면 내가 왜 주식투자를 하려는지 명확한 목표가 설정되어 있어야 한다. 주식투자를 하려는 이유는 투자자마다 다 다를 것이므로 백인백색의 결과가 나올 것이다.

이때 투자자는 자신의 목적과 목표를 신중하게 기록해두는 것이 좋다. 주식투자를 하다 보면 어려움에 직면할 때 쉽게 투자를 포기하거나 아니면 엉뚱하게도 이른바 작전주나 정보 매매 등의 유혹에 빠질 수도 있다. 그럴 때 처음의 목적과 목표를 상기해야 한다. 항상 잊지 않고 기억하려면 트레이딩하는 PC나 책상 등 잘 보이는 곳에 적어놓는 것도 좋은 방법이라고 생각한다.

아이러니하게도, 주식투자에 대해 잘 모를 때는 투자가 무척 쉬워 보이기도 한다. 남들은 손해를 봐도 나는 꼭 돈을 벌 것이라는 생각도 든다. 주위의 누군가가 주식으로 큰돈을 벌었다고 하면 나 역시 그럴 수 있을 것 같다. 그 사람도 하는데 나라고 못할 것은 없어 보이기 때문이다. 그러나 이처럼 단순하고 구체적이지 못한 생각으로 주식투자에 접근하는 건 매우 위험하다. 자신이 왜 주식투자를 하려는지 기록으로 남기는 것이 그래서 더 필요하다. 자신의 마음을 객관화하는 방법이 될 수 있으니 말이다.

주식으로 수익을 낼 수 있는 확률은?

자, 이제 주식투자를 시작한다고 해보자. 가장 먼저 어떤 생각이

드는가? 저금리 시대에 은행 이자보다 높은 수익률을 볼 수 있을 거란 생각? 아니면 돈을 잃을 수도 있다는 생각? 아마 후자보다는 전자와 같은 생각을 더 많이 떠올리지 않을까 한다. 그럼 한번 따져보자. 주식투자로 돈을 벌 확률과 돈을 잃을 확률은 실제로 얼마 정도일까? 50대 50? 아니다. 주식투자는 선물투자와 달리 제로섬 게임이 아니다(주식을 제로섬 게임으로 오해하는 투자자들이 의외로 많다. 제로섬 게임이라는 것은 시장에서 누군가가 100만 원을 벌면 누군가는 100만 원 손해를 본다는 개념이다. 그런데 주식은 1주 거래로 상한가를 기록하면 투자자 모두가 이익을 보게 된다. 따라서 제로섬이 아니다).

실제 매매에서 이익을 볼 확률은 30% 정도밖에 안 된다. 주식은 상승(30%) 및 하락(30%)과 더불어 횡보(30%)할 때도 있는데, 횡보할 때 역시 수수료와 기회비용이라는 대가를 치러야 하니 기본적으로 손실에 속한다. 따라서 돈을 벌 확률이 약 30%에 불과하다는 점을 고려해서 매매 여부를 결정해야 한다. 즉, 주식투자로 수익을 올리기란 확률적으로 볼 때 생각보다 더 어려운 일이다.

그럼 투자자는 주식에 투자할 때 돈을 잃지 않는 걸 목적으로 해야 한다는 걸까? 물론 그렇지는 않다. 주식투자에서 돈을 잃을 확률이 더 크다는 점을 인식해야 한다는 것이지, 거기에 절대적으로 얽매일 필요는 없다. 누구나 쉽게 돈을 잃을 수 있지만, 슬기롭게 대응하면 장기적으로 일정 규모의 수익을 꾸준히 달성할 수도 있다는 점을 마음속 깊이 새겨두고 하나하나 익히면 된다. 일시적으로 돈을 잃는다고 해도 올바른 노력을 하면 차근차근 수익을 낼 수 있다는 긍정적인 마인드가 중요하다.

주식투자는 장기적으로 꾸준히 수익을 내는 것을 목표로 삼고, 이를 자신의 성향과 접목한 투자 방법과 일치시키는 것이 중요하다. 강조컨대, 투자자가 잊지 말아야 하는 것은 '목적 없이 투자하는 것은 목적 없는 항해와 같다'는 점이다. 무턱대고 배를 몰고 바다로 나가면 어디로 가야 할지 몰라 방향을 잃기 쉽고, 그러면 작은 파도에도 공포에 떠느라 앞으로 나아갈 수 없다.

목적 없는 투자도 이런 항해와 똑같다. 목적이 없으면 투자에 혼선을 겪게 되고, 그래서 주가가 조금만 흔들려도 우왕좌왕하다가 손실을 키우기 쉽다. 그러나 자신의 목적과 방법대로 꾸준히 공부하고 실천할 수 있다면, 펀드매니저나 주식 전문가가 아니어도, 좋은 학벌과 정보 네트워크가 없어도, 수익을 내고 성공으로 가는 길을 찾아 항해해나갈 수 있다. 대박만 바라지 말자. 대박은 없다.

주식투자의
첫걸음 떼기

투자의 첫걸음을 어떻게 떼야 할까? 목적을 세웠다면, 다음에는 어떤 시장에 집중해서 매매할 것인지 생각해보자. 혹시 거래를 할 수 있는 시장의 종류는 알고 있는가? 투자자는 어떤 시장에서 든 자유롭게 거래할 수 있다. 예를 들어 유가증권거래소와 더불어 다양한 파생 시장과 ETF 시장, 장외 시장 등이 있다. 또한 최근에 는 여러 해외 시장에 대한 관심도 커지고 있다. 이런 시장들 중 어 디서 거래를 할지 투자자는 자신의 성향에 맞춰 정해야 한다. 예를

미국 시장과 한국 시장은 그 투자법이 다르다.

미국 주식시장과 한국 주식시장의 투자법이 다르다는 점을 알고 있 는 투자자는 많지 않다. 물론 단순 투자의 관점에서 보면 '다 같은 것이 아닐까' 하고 생각할 수 있다. 또한 일부 전문가가 미국 주식시장의 사 례를 들며, 한국 주식시장도 미국과 같이 상승할 수 있다고 말하기도 하기 때문에 동일한 방식으로 투자하면 된다고 생각하게 된다.

하지만 투자자는 여러 방식으로 두 주식시장을 구분해서 투자에 나 서야 한다. 두 시장은 기업의 가치를 측정하는 회계기준도 다르고, 매매 에 따른 세금 부과 방식도 다르다. 그리고 차트를 활용하는 방식도 다 소 다르다.

대표적인 차이점 중 하나가 가치를 산정하는 기준이다. 한국은 K-IFRS(한국채택국제회계기준) 기준에 따라 자회사 실적을 모회사와 연 결, 즉 통합하여 계산하지만, 미국은 GAAP Generally Accepted Accounting

Principles(일반적으로 인정된 회계원칙) 기준으로 산정하여 각각 별도로 계산한다. 기업을 평가하는 기준이 달라지는 것이다.

따라서 어려운 주식시장을 너무 단순하게만 접근하는 것은 분명 경계해야 한다. 만약 미국 시장을 비롯한 해외 시장에 관심이 있다면 차이점을 사전에 자세히 파악해두어야 한다(당연히 중국, 베트남 등의 시장도 한국과 다르다. 이들에 투자하려 한다면 회계 기준, 매매 방법, 수수료 등을 사전에 충분히 파악하도록 하자).

들어 아주 바쁜 투자자라면 직접 투자보다는 업종 지수를 거래하는 ETF 시장이 적합할 수 있다.

매매할 시장이 정해지면 어떠한 방식으로 거래를 할 것인지도 생각해보자. 이를테면 가치 중심의 투자를 할 것인지, 차트를 이용하여 트레이딩할 것인지를 결정한다. 이를 결정하면 투자 기간을 어떻게 설정해야 할지도 자연스레 결정된다.

가치투자를 한다면 대체로 주가가 가치를 반영하는 시간이 필요하므로 장기적 대응이 가능한 긴 시간의 투자를 고려해야 하고, 차트를 이용해 투자한다면 주가의 빠른 움직임에 따라 단기적 대응이 가능한 방법을 찾아야 한다. 어떤 방법을 선택하느냐에 따라 어떠한 내용(가치 측정이냐, 손절매 기법이냐)을 집중적으로 학습할 것인지가 결정되기 때문에 사전에 매매 방식을 정해야 한다.

지금까지 한 이야기가 잘 이해가 안 된다거나 복잡하게 느껴진다고 지레 겁먹을 필요는 없다. 단지 주식투자는 쉬운 게임이 아니라는 점을 인식하는 것만으로도 충분하다. 투자를 지나치게 가벼이 여겨선 안 된다는 것을 강조하기 위한 단계라고 생각하면 좋겠다.

'왜 이렇게 복잡한 걸 주식투자 초기에 결정해야 하는가'라는 생각이 들 수도 있다. 하다 보면 경험적으로 알 수 있지 않을까 싶을 수도 있다. 사실 의외로 많은 투자자가 목적이나 원칙 없이 그저 닥치는 대로 투자를 진행하는 경우가 더 많다.

투자자가 원칙을 정하는 건 투자의 방향을 정한다는 것과 같다. 원칙이 뭔가. 일관되게 지켜야 하는 기본 규칙이다. 투자도 원칙이 있어야 흔들리지 않을 수 있고, 투자 방식과 행동을 중간에 임의로 바꾸는 일도 예방할 수 있다.

투자 원칙이 흔들리면 곧바로 주식투자가 실패하게 될 수 있음을 알아야 한다. 예를 들어 차트를 보고 단기 매매를 하던 투자자가 차트 급락에 손절매로 대응하지 못하면 그다음엔 어떻게 하는가? '이 회사 망하진 않겠지?'라고 하며 (비자발적) 장기투자로 방법을 바꾸는 것이다. 그러나 그런다고 투자에 성공할 수는 없다. 그건 투자자 스스로도 잘 알 것이다.

이렇듯 투자를 처음 시작할 때 자신의 원칙을 정하는 것은 매우 중요한 포인트다. 정리하면, 구체적인 목적과 원칙이 있는 투자자는 매매를 시작할 때 그저 기분이나 상황에 따라 접근하지 않고, 자신이 세운 계획에 따라 매매를 수행한다. 그럼으로써 보다 안전하고 유연한 투자를 할 수 있게 된다. 이것을 잊으면 절대 투자에 성공하지 못한다. 목적과 방법을 정해 올바른 투자를 하겠다는 다짐은 어려운 투자를 할 때마다 당신의 버팀목이 되어줄 것이다.

내 성향에 맞는 투자방법은 무엇일까?

　앞서 주식투자와 관련해서는 매매를 할 수 있는 다양한 시장이 존재한다고 이야기했다. 여러 시장 안에서 투자자들은 다양한 매매의 자유를 보장받고 있다. 그런데 이런 점 때문에 오히려 더 혼란을 겪는 투자자들도 있다. 거래할 시장이 다양하다는 이유로 자신의 주력 매매 시장에 대한 고민 없이 상황에 따라 투자 시장과 방법을 바꾸려고 하는 투자자들이 그렇다.

　운동선수도 분야를 세분화한 자신의 주 종목이 있다. 권투도 겉에서 보면 그게 그것 아닌가 싶지만, 체급별로 다르고, 오른손이 강하냐 왼손이 강하냐, 밀어 치냐 끊어 치냐 등에 따라서도 주특기가 나뉜다. 야구도 수비 전담이 있고, 공격 전담이 있다. 이렇듯 다 자신이 잘하는 부분에 집중하는 전문 분야가 있다.

주식시장에서 투자자들이 부러워하는 애널리스트들도 자신의 전문 분석 분야가 다 따로 있다. 애널리스트라고 해서 모든 분야에 만능은 아니라는 얘기다. 그런데 투자자들은 모든 분야를 잘 아는 전문가가 되려고 한다. 그렇다고 투자가 잘되는 것도 아닌데 말이다.

일반 투자자들도 자신의 전문 분야를 정해야 한다. 전문 분야를 정하려면 당연히 자신의 투자 성향을 올바로 파악하는 것이 중요하다. 매시간 혹은 매일 매매를 해야 직성이 풀리는 '데이트레이더'인지, 아니면 1년에 서너 번 정도만 매매를 할 수 있는 투자자인지 스스로 파악을 해야 하는 것이다. 이때 기준은 투자자가 편안함을 느껴야 한다는 것이다. 편안해야 꾸준히 유지할 수 있게 되기 때문이다. 이를 무시하고 그저 그럴듯해 보여서 한다고 될 성질의 것이 아니다.

자신의 성향이 파악되고 나면, 그 후 어떤 매매를 주력으로 할 것인지 정해야 한다. 매매를 하다 보면 상황에 따라 변동이 생길 수는 있지만, 기본 원칙은 정하고 지키려 노력하는 것이 좋다.

데이트레이더가 장기투자자가 되거나 장기투자자가 데이트레이더가 될 수도 있다. 하지만 그 역시 사전에 미리 계획을 세웠을 경우에 국한해서 행하는 것이 좋다고 생각한다. 흔히 최악의 경우는 '어쩔 수 없이 주식에 이끌려 투자 행태를 바꾸는' 데서 비롯되기 때문이다. 데이트레이더의 생명은 자신의 생각과 주가가 다르게 움직이면 손절매로 빠르게 대응하는 것에 달려 있다. 손절매를 하지 못하고 어쩔 수 없이 장기투자로 변신하게 되면 대부분 손실만 키울 뿐이다.

투자자가 자신의 성향에 맞는 투자를 하게 되면 편안함을 느낄수 있다. 그리고 이러한 편안함은 투자의 원칙을 지킬 수 있는 원동력이 된다. 장기투자가 맞는 성격의 소유자가 데이트레이딩을 하려 들면 매매를 할 때마다 큰 스트레스만 받을 뿐이다. 그러니 투자자는 투자에 앞서 자신의 성향에 맞는 전문 분야를 정해야 하는 것이다.

데이트레이딩

많은 투자자가 선망하는(?) 매매 방식이다. 기회가 보일 때마다 집중해서 매매하면 수익이 크게 늘어날 것으로 생각하기 때문이다. 그런데 이는 전업투자자나 전문 트레이딩 기술을 습득한 경우가 아니면 웬만해선 하기 힘든 투자 방식이다. 그러나 이에 대해 인식하는 사람은 많지 않다. 적지 않은 투자자가 단기간에 수익을 거둔다는 욕심에 시간이 날 때마다 데이트레이딩을 하려고 하는 것이다.

초보 투자자는 데이트레이딩을 멀리하는 것이 좋다. 매매를 할 때마다 수익이 늘어나는 것이 아니라 계좌의 변동성만 커지기 때문이다(앞서 이익을 볼 확률은 30%라고 이야기했다). 만약 초보 투자자가 데이트레이딩을 하려고 한다면 이 책이 아니라 관련 전문 서적을 더욱 깊이 파고들어야 할 것이다.

스윙트레이딩

스윙트레이딩은 2일에서 5일 정도의 간격으로 매매를 하는 방식이다. 데이트레이딩보다는 다소 여유를 가지고 하는 투자지만, 이 역시 일반적으로 따라 하기가 쉽지 않다. 그러나 적잖은 투자자가 스윙트레이딩을 하는 경우를 자주 보게 된다. 일부 금융회사 직원이 수수료 수입을 위해 이러한 매매를 부추기기도 하거니와, 투자자 입장에서도 빠르게 수익을 보고 다음 매매로 넘어가고자 하는 욕심 때문이다.

하지만 이 또한 많은 에너지가 필요한 작업임을 알아야 한다. 만약 투자자에게 직업이 있다면 이로 인해 적잖은 영향을 받게 될 텐데, 그 영향은 부정적인 경우가 더 많을 것이다. 투자자는 생활에서 효율성을 추구해야 한다. 전업투자자가 아닌 이상 일(직업)과 주식투자 중 하나를 선택해야 한다면. 일을 선택하는 것이 먼저가 돼야 한다.

시점 투자

관심 종목의 적절한 매매 시점이 왔다고 판단이 들 때만 매매를 하는 방식이다. 평범한 개인투자자들이라면 이런 방식을 중심으로 자신의 투자 기법을 발전시켜나가는 것이 중요하다고 할 수 있다. 개인투자자는 전반적인 상황이 자신에게 유리하게 보일 때만 매매를 해야 한다. 돈을 벌겠다고 무리해서 매매에 뛰어들면 절대 유리한 투자를 할 수 없게 된다는 점을 명심하자. 1년에 몇 차례밖에 매매하지 않아서 수익률이 떨어진다고 오해하는 경우도 있는데, 결코 그렇지만은 않다. 자신과 시장의 기회가 맞을 때 수익률은 보다 안정적으로 극대화될 수 있기 때문이다.

인덱스투자

인덱스투자는 지수에 투자를 하는 방식으로 간접적 투자 방식의 대표라고 할 수 있다. 인덱스투자에도 여러 가지 방식이 있다. 주식투자에 크게 신경을 쓸 수 없는 투자자가 자산 포트폴리오 차원에서 접근할 때 적극 고려할 수 있는 부분이라고 할 수 있다.

ETF투자

섹터(관련 분야 모음)별로 투자를 하는 방식이다. 인덱스 투자와 흡사한데, 인덱스 투자가 지수와 연관성이 큰 반면 ETF 투자는 지수와 상관없이 투자자가 관심이 있는 분야에 투자하는 방식이다. 예를 들어 바이오 분야에 관심이 있다면, 해당 종목들을 모아놓은 ETF를 사면 된다. 해외 시장에 투자하고 싶지만 직접 투자하기 어려운 투자자라면, 국내 시장에 상장된 해외 ETF를 거래하면 된다.

자신에게 맞는
투자 방법을 모색하자

　주식투자자는 자신의 '성향'에 맞는 투자법을 찾는 것도 매우 중요하고, 자신이 처한 '상황'에 맞는 투자법을 찾는 것도 매우 중요하다. 투자자가 그러한 자신의 성향과 상황을 고려하지 않고, 그저 남들이 하는 게 좋아 보인다고 무턱대고 따라 하다가는 지속적이고 안정적인 투자가 불가능해질 수 있다.

　그럼 한번 투자자의 상황별·성향별 적합한 투자 방법에 대해 여러 각도로 살펴보자.

직장인과
전업투자자의 차이

  먼저 주식투자자들 중에서 가장 많은 수를 차지하는 직장인들에게 적합한 투자법을 살펴보자. 직장인 투자자들의 특징은 자신이 주력으로 하는 일이 따로 있다는 것이다. 그래서 현실적으로 주식투자는 부업의 개념으로 접근해야 한다. 하지만 일부는 주객이 전도된 행태를 보이기도 한다(그러나 그 결과가 별로 좋지 않음을 우리는 이미 잘 알고 있다).

  평소(낮)에는 자신의 일에 집중해야 한다. 그런데 주식시장이 낮에 열리기 때문에 무척 신경이 쓰이게 된다. 특히 자신이 관심을 가졌거나 보유한 종목의 변동성이 확대되는 날에는 일이 손에 잡히지 않는다. 여기서 벗어나기 위해서는 주식시장과 일정한 거리를 두어야 한다. 주식시장을 계속 관찰한다고 수익이 늘어나는 건 아니다. 반대로 떨어져 있다고 손실이 확대되는 것도 아니다. 그렇다고 너무 멀리 있을 수는 없다. 일정한 간격을 두어야 하는데, 이를 위해 바로 '계획 매매'를 하는 것이다.

  계획 매매는 매수와 매도를 미리 계획하고, 그 내용을 증권사 시스템에 예약 주문으로 넣어놓는 것을 말한다(대부분의 증권사에서 이를 제공하고 있다. 증권사마다 예약 보관 기간이 다르므로 사전에 체크를 하기 바란다). 그렇게 하면 자신의 일에 집중하는 동안 주식이 알아서

(?) 매매되기 때문에 크게 신경 쓸 필요가 없다. 특히 이는 투자자가 사전에 세워놓은 계획을 실행하는 것이기 때문에 불안감이 사라지는 효과도 볼 수 있다.

그럼 전업투자자들은 어떨까? 전업투자자는 자신의 직업이 투자다. 따라서 많은 시간을 활용하고 집중할 수 있다. 여기서는 전업투자에 대해서는 자세히 이야기하지 않겠다. 다만, 전업을 시작하려고 하거나 고민하는 투자자들에게 조언은 하나 하고 넘어가야 할 것 같다. 주식투자를 부업으로 하는 것과 전업으로 하는 것은 투자 게임의 룰이 순식간에 바뀌는 일이라는 것을 명심했으면 좋겠다. 투자를 하다가 실력이 늘어 수익이 늘어나면 전업투자자가 되기를 꿈꾸는 사람들을 나는 심심찮게 봐왔다. 그런데 이를 행동으로 옮긴 사람들 대부분이 결국은 다시 직장을 잡는 현실도 무수히 봤다.

직장에 다닐 때는 매달 들어오는 월급이 있다. 하지만 투자가 직업일 때는 주식투자로 매달의 생활비를 기본으로 벌어야 한다. 그냥 하다 보니 돈을 버는 것과 매달 꼭 일정 금액을 벌어야 하는 것은 엄청난 차이다. 투자를 대하는 자세가 완전히 바뀌어야 한다는 얘기다. 기존에 하던 방식을 바꾸고 처음부터 다시 시작해야 한다는 의미다. 이러한 고려 없이 전업투자자가 되면 기대와 달리 실망하게 되는 순간이 빨리 찾아올 것이다. 전업투자자가 되려면 투자금 외에 최소한 1년의 생활비를 별도로 두고 시작하기 바란다.

장기투자와
단기투자에 대한 오해

많은 투자자가 단기의 변동성을 이겨내고자 가치에 기반한 장기투자를 선호한다. 그런데 이야기를 나누다 보면 가치투자와 장기투자의 개념을 잘못 알고 있음을 느낄 때가 많다. 정확한 이해 없이 '무분별한 트레이딩'과 대비되는 개념으로 장기투자를 선호한다고 하는 것이다.

많은 이들이 '장기투자＝안전투자＝성공투자＝좋은 투자'라고 생각하고, '단기투자＝불안정한 투자＝성공하기 어려운 투자＝나쁜 투자'라는 이분법적인 생각을 어렴풋이 한다. 또한 '가치투자＝장기투자'라고 오해하는 경우도 많다. 이러한 오해에 대해 하나씩 짚어보자.

장기투자라고 해서 '절대적으로 긴 시간'을 이야기하는 것이 아니다. 예를 들어 4~5년이면 장기, 그 이하면 단기라는 식으로 나누는데 이는 옳은 방식이 아니다. 장기와 단기의 구분은 단순히 절대적인 시간이 아니라 투자자의 성향과 투자에 대한 인식에 따라 구분돼야 하기 때문이다.

일반적으로 가치투자는 기업의 적절한 가치를 평가한 후 기업의 주가가 가치보다 저평가되었을 때(낮을 때) 주식을 매수하고, 주가가 기업의 가치만큼 평가받거나 고평가되었을 때(높을 때) 주식을 매도하는 전략을 말한다. 그 가치를 어떻게 평가하느냐에 대해서는 다양한 견해가 있는데, 어떤 가치에 중점을 둘지는 투자자 자신이 정해야 한다.

장기투자의 기간은 현재 시점에서 일치하지 않는 '기업의 가치'와 '주가'가 언젠가 서로 일치하는 데까지 걸리는 시간으로 인식해야 한다. 그 시점은 투자자의 판단보다 일찍 올 수도 있고, 늦게 올 수도 있다. 언제 올지 모르는 그 불확실성에 따라 최대한의 여유 시간을 가지고 투자하는 것이 장기투자의 올바른 자세. 장기투자를 각오했지만 시장 상황(예컨대 비이성적인 과열 등)에 따라 아주

기업 가치의 종류

기업의 가치를 측정하는 기준은 하나만 있는 것이 아니다. 투자자가 어떠한 가치 측정 도구를 사용하느냐에 따라서 다른 결과를 얻을 수 있다. 기업의 가치는 대표적으로 자산 가치, 수익 가치, 배당 가치, 현금흐름 가치 등이 있다.

이러한 사실을 인식하고 어떠한 가치에 중점을 두고 투자를 할 것인지 정해야 한다. 이것이 투자의 기준이 되기 때문이다. 물론 여러 요소를 혼용하거나 상황에 따라 바꿀 수도 있다. 하지만 그럴 경우 명확한 근거를 바탕으로 해야 한다.

짧은 시간에 주가가 기업의 가치를 즉시 반영할 수도 있고, 주가가 기업의 가치를 추월할 수도 있다. 이럴 때 투자자는 장기라는 시간을 따질 것이 아니라 짧은 기간이라도 목적이 달성됐으므로(가격=가치) 매도하여 수익을 챙길 수 있다. 결국 '가치투자=장기투자'는 반드시 성립하는 공식은 아니라는 것이다.

투자자는 시간의 계획보다는 투자하고자 하는 종목의 분석을 통해 목표 가격(목표 가치)을 설정하고, 이를 어떻게 실현할 것인가에 대한 계획을 세워두는 것이 필요하다. 가치주 투자라면 가치가 시장에 반영되는 시점에 매도 계획을 세우고, 성장주라면 성장의 훼손에 따른 매도 계획, 차트를 본다면 트레이딩 스톱 등에 대한 계획을 세우는 것이 매우 중요하다. 시간을 정해 투자를 하는 것은 지양해야 한다는 뜻이다.

파트 1에서 언급했듯이, 장기투자에 대한 또 다른 오해는 '주식을 사서 오래 기다리기만 하면 된다'는 생각이다. 주가가 통상 쌀 때 사서 기다리다가 비쌀 때 팔면 되는 편한(?) 투자를 장기투자라고 생각하는 것이다. 하지만 장기투자(가치투자)를 하기 위해서는 기업의 가치가 어떻게 변화하는지를 꾸준히 추적하고, 상황에 맞춰 관리해야 한다. 기업의 미래 가치를 정확히 판단할 수 있는 능력도 있어야 하고, 시시각각 변하는 투자 심리도 읽어야 한다. 다양한 영향으로 변동성을 보이는 주식시장의 흐름을 견딜 수 있는 뚝심도 있어야 한다. 즉, 매수 후 그냥 기다리기만 하는 것이 아니라 투자한 기업을 끊임없이 관찰해야 한다. 기업의 영업 환경은 갈수록 치열해지고 있기 때문에 처음 투자자가 주목한 사항이 다양한 변수의 영향을 받아 변할 가능성도 얼마든지 있음을 알아야 한다.

> "가치투자는 엄청난 강도의 노동과 엄격히 지켜야 할 원칙뿐 아니라 장기적인 시각을 요구한다. 가치투자자가 되는 데 드는 시간과 노력을 감당할 능력과 시간이 되는 사람은 그리 많지 않다. 오직 그들 중 몇몇만이 성공을 위한 마인드를 지닐 뿐이다."
>
> _ 세스 클라먼, 『안전 마진Margin of Safety』

단기투자의 개념도 좀 더 세분화하여 이야기할 수 있다. 1~2년의 시간을 두고 매매를 하는 것부터 극단적으로 짧게 치고 빠지는 스캘핑까지, 그 스펙트럼 안에서 여러 가지로 나눌 수 있다.

단기투자를 한다는 것은 시장의 흐름, 즉 투자자들의 단기 심리 변화에 따른 시세의 움직임에 따라 투자한다는 것인데, 이 역시 시간이 절대적인 기준은 아니다. 시간이 아닌 시장에 참여하고 있는 다른 투자자의 심리 변화에 맞는 투자 전략을 수립해야 한다. 시장의 변동성에 대응하는 강한 심장과 발빠른 대처가 필요하다.

모든 투자가 마찬가지지만, 특히 단기투자에서는 대응이 핵심이다. 단기투자가 대응을 하지 못하고 엉뚱하게 장기투자로 옷을 갈

아입으면 그때부터 주식투자는 잘못된 길로 들어서게 된다. 변동성을 이길 마음가짐과 대응할 기술과 능력을 갖추지 못한 상태에서 단지 빠르게 수익을 챙기고 싶다는 욕심으로 단기투자를 한다면 결코 좋은 성적을 달성할 수 없다. 이 점은 많은 투자자가 꼭 명심해야 한다.

이처럼 장기, 단기투자는 각각의 특성이 있다. 여기서는 주로 투자자들이 인식하지 못하는 부분에 중점을 두고 이야기했는데, 그만큼 정확히 인식하고 투자 방식을 정하는 것이 중요하기 때문이다.

기본적 분석과
기술적 분석

주식투자는 기업의 분석과 대응 방식이라는 면에서 크게 '기본적 분석에 의한 방식'과 '기술적 분석에 의한 방식'으로 구분해볼 수 있다. 기본적 분석에 의한 투자는 기업의 본질가치에 중점을 두는 투자 방식으로 가치 변동에 초점을 맞춰 매매를 하는 방식이고, 기술적 분석에 의한 방식은 주가의 움직임을 표시하는 차트를 이용해 과거와 현재의 주가 패턴 등을 분석하고 향후의 움직임을 예측하여 투자를 하는 방식이다.

오랜 세월 여러 투자자가 두 방식에 대한 다양한 투자 방정식을 만들어왔다. 투자자는 자신의 성향에 맞는 방식을 취사선택하면 되는데, 투자의 계획 단계에서 이를 결정해야지 매매 중간에 투자 방식을 바꾸는 것은 좋지 않다. 물론 둘을 섞어서 활용하는 방법도 있다. 중요한 점은 자신이 어디에 더 중요도를 두고 집중해서 매매를 할 것인지 정확히 알고 투자해야 한다는 것이다.

주가가 하락하게 되면 가치투자자는 매수 관점(안전마진 확보 개념)에서 주가를 바라보게 되고, 차트투자자는 차트가 상승 추세로 돌아서기까지는 매수를 보류하고 오히려 하락 추세에 편승한 매도를 고려해야 한다. 반대로 주가가 상승하게 되면 차트투자자는 그 추세에 편승해 매수를 하게 되고, 가치투자자는 가치의 반영 정도에 따라 매도를 고려하게 된다.

문제는 이를 구분하거나 인식하지 않고 투자자가 그때그때 상황에 따라 달리 투자하려는 것이다. 차트 중심의 투자자라면 차트가 변할 때 반대 포지션으로 대응하는 것이 기본적인 원칙이다. 즉, 상승 추세를 그리던 주식이 추세를 이탈하면 매도해야 하는 것이다. 주식 매수의 이유가 상승 추세에 편승하는 것이었기 때문이다. 그러나 이 시점에서 일부 투자자는 주식을 매도하지 않고 주가의 가치를 따지는 가치투자자로 변신하기도 한다. 반대로 가치투자자는 주식의 가치가 훼손되지 않았으면 보유를 지속해야 하는데도, 시장의 하락 추세에 두려움을 느끼고 불안감에 싸여 주식을 매도하기도 한다.

두 영역에 대한 구분이 없는 투자자는 장기적으로 올바른 투자를 하는 데 다양한 측면에서 방해를 받게 된다. 많은 투자자가 이에 대한 명확한 구분 없이 상황에 따라 임기응변식으로 매매를 했기 때문에 문제가 되었던 것임을 알아야 한다.

집중 투자와
분산 투자

앞서 짚어본 방식들이 투자 자금의 활용에 관한 문제였다면, 집중 투자와 분산 투자는 자금의 분배에 관한 문제다. 이에 대해서도 각각의 장단점을 파악해 자신의 성향과 상황에 가장 적합한 방식을 정해야 한다.

집중 투자는 소수 종목의 영향력이 크므로, 이에 따라 수익률이 커질 수 있지만 리스크도 상대적으로 커지게 된다. 즉, 하이 리스크 하이 리턴 방식이다. 집중 투자는 소수 종목의 움직임이 전체 자금에 미치는 영향력이 크기 때문에 세심하게 관리해야 한다. 주식투자에서 수익을 '리스크 프리미엄'의 취득이라는 개념으로 본다면, 집중 투자가 갖는 의미는 상당하다.

반면 '계란을 한 바구니에 담지 말라'라는 증시 격언은 분산 투자의 중요성을 강조한다. 분산 투자는 종목의 수를 늘려 개별 종목의 리스크를 흡수함으로써 전체 자산의 안정적인 수익을 추구하는 전략이다. 그러나 분산 투자도 시장 리스크를 피할 수는 없기 때문에 무조건 리스크가 적다고는 할 수 없다. 다만 집중 투자에 비해서는 '로 리스크, 로 리턴'의 전략으로 볼 수 있다.

> "최소한 내가 내 투자 포트폴리오에 대해 가진 견해는 그렇다. 각각의 선택에 자신감이 크면 클수록, 나는 더 적은 수의 기업으로 포트폴리오를 구성한다. 하지만 대부분의 투자자들은 주식과 포트폴리오 구성을 별개로 생각한다."
>
> _ 조엘 그린블라트, 『주식시장을 이기는 작은 책』

집중과 분산의 문제를 정확히 알고 고민한다면 자신에게 적합한 방법을 찾는 데 도움이 될 것이다. 주식투자를 시작하는 단계에서 집중과 분산의 방법을 놓고 고민하는 투자자라면 다음의 단계를 밟아갈 것을 권한다.

집중과 분산은 스타일을 따져서 정하기도 하지만, 그 전에 자신의 매매 실력을 기준으로 나누는 것도 중요하다. 투자 실력이 중급이하라면 분산 투자를 권하고, 이후 실력이 쌓였을 때 비로소 집중 투자로 나서도 된다고 생각한다. 즉, 투자 실력이 쌓여서 주식시장의 리스크를 다스리는 실력을 갖추게 되었느냐 아니냐에 따라 집중 투자와 분산 투자로 달리 접근하는 것이다.

이런 이야기를 하면 일부 투자자는 투자 자금이 적기 때문에 다소 위험하다 하더라도 집중 투자로 소위 한 방을 노리고, 이후 투자금액이 커지면 그때 분산 투자를 통해 리스크와 수익률 관리로 자금을 지키면서 매매를 하겠다고 이야기하기도 한다. 하지만 한번 솔직히 생각해봐야 한다. '벌어서 분산 투자를 하겠다는 것'은 자금을 조급하게 키우고 싶은 욕심에 '희망'에 투자하려는 것이 아닌지를 말이다.

자신의 실력에 대한 냉정한 판단 없이 욕심만으로 투자를 하면, 돈을 빨리 버는 것이 아니라 시장에서 빨리 퇴출될 수 있음을 명심해야 한다. 또한 투자의 목표를 수익률이 아닌 절대금액에 맞추게 되면, 마음이 조급해지고 투자가 힘들어진다. 현재 자신의 상황에 맞게 꾸준히 투자할 생각을 해야지, 급하다고 해서 무분별하게 뛰어들어선 안 된다. 분산 투자는 이런 조급한 마음을 비울 수 있게 도움을 준다.

골프를 배울 때 코치는 흔히 어깨 힘을 빼고 스윙하라고 강조한다. 초보자일수록 공을 멀리 보내고 싶다는 욕심(고수익)에 힘을 잔뜩 주고(집중 투자) 채를 휘두르기 때문이다. 그러나 생각과 다르게 공은 멀리 나가지 않고, 옆구리 통증(투자 손실)만 느끼게 된다. 그러면 몸이 아프니 힘을 주기가 힘들어 힘을 빼고(분산 투자) 스윙을 하게 되는데, 이때 자신의 생각과 다르게 공이 멀리 날아가는 것

(수익)을 보면서 비로소 이치를 깨닫게 된다. 대부분의 골퍼가 이러한 과정을 통해 올바른 스윙 방법을 배우게 된다.

그러나 주식투자자들은 빨리 돈을 벌고 싶다는 생각에 리스크 관리에 대한 준비도 안 되어 있으면서 처음부터 집중 투자를 한다. 돈을 잃고 나서도 오히려 손실을 만회하겠다고 더욱 큰 리스크를 짊어지는 투자를 하곤 한다. 정말 안타깝다.

그럼 어떻게 해야 할까? 분산 투자를 어떻게 활용하면 좋을까? 분산 투자는 '자금 계획 → 업종 분산 → 종목 분산'의 순서로 이루어져야 한다. 투자자는 먼저 자금을 몇 개의 업종에 몇 퍼센트씩 투자할 것인지 큰 그림을 그리는 것이 좋다. 3~4개 내외의 업종 분산이 적당하다고 생각한다. 너무 많은 업종으로 분산하면 관리도 어렵거니와 자칫 '인덱스 펀드'처럼 될 수도 있기 때문이다. 그런 후에 5~15종목 내외의 분산 투자 계획을 세우는 것이 적당하다. 분산 종목이 일정 수를 넘어가면 이 또한 현실적으로 관리하기가 어려워진다.

일부는 분산 투자를 시가총액 상위 종목 위주로 구성하기도 하는데, 이 또한 꼭 올바른 방식이라고는 할 수 없다. 분산 투자의 목적은 기업의 이익이 장기적으로 성장하는 종목에 투자를 해서 종목 리스크를 분산시키는 것인데, 시가총액은 기업 이익에 따른 분류가 아니기 때문이다. 일반 투자자가 일반 주식형 펀드매니저보다 종목 선택 면에서 우월한 면이 바로 시가총액과 무관하게 종목을 구성할 수 있다는 점임을 다시 한번 되새길 필요가 있다.

나만의 투자 방법을
찾아가는 길

언제나 절대적으로 옳은 투자 방식은 없다. 그러므로 이제 공부를 시작해서 투자의 틀을 잡아가려는 초보 투자자들은 시중에 나와 있는 다양한 투자 방식을 표지판 삼아 자기 길을 직접 개척하려는 의지와 목표를 가져야 한다. 많은 투자자가 그토록 찾는 완벽한 스승이나 차트, 투자 프로그램, 족집게 방식은 당연히 존재하지 않는다.

자신만의 방법을 찾기 위해서는 우선 주식시장에 존재하는 많은 성공 투자 방식을 배우고, 그것을 익히는 과정을 겪어야 한다. 앞선 투자자들이 부단한 노력으로 발견해낸 검증된 방식들을 직접 적용해보고 자신의 성향과 매매 방식에 어떻게 접목할 수 있는지 고민하고 실천해봐야 하는 것이다. 물론 그들의 방식이 모든 투자자들에게 똑같이 적용될 수는 없다.

이런 점을 고려하지 않고, 성공한 투자자들의 매매 방식이 자신과 맞지 않는다는 이유로, 혹은 배워봤자 소용이 없다는 평계로 공부를 중단하는 이들도 있다. 배움의 과정은 꾸준한 노력과 더불어 시행착오가 필요한데도 말이다.

예를 들어 초밥의 달인에게 초밥 만드는 법을 배운다고 해보자. 달인은 '이렇게 하면 된다'라고 쉽게 말할 것이다. 그러나 그 말을 따라 해도 제자 입장에서는 당연히 처음부터 제대로 되지 않는다. 그래서 또 물으면 '쉬운데 왜 못 해?'라며 타박하고, 제자는 달인이 비법을 감추고 가르쳐주지 않는다고 원망한다. 이제 상황이 보이는가? 달인은 분명 초밥 만드는 법을 가르쳐주었다. 그러나 달인이 원리를 실행하는 과정에는 그가 오랫동안 터득한 미묘한 요소들이 담겨 있다. 그건 한 번에 쉽게 전수되는 것들이 아니다. 일정한 노력과 과정을 겪으며 인내하고 시행착오를 겪어야 하는 것이기 때문이다.

프로 골프 선수인 최경주 씨가 TV에서 초보자를 위한 스윙 자세를 알려달라는 질문에 답하는 것을 본 적이 있다. 기초 자세를 설명하고 하는 말이 '지금까지 설명한 것은 결국 나만의 감이므로 다른 사람들은 스스로 익혀야 한다'는 것이었다. 대가가 할 수 있는 중요한 말이라는 생각이 들었다.

돼지갈비로 유명한 소위 '대박집'이 비법을 알려주는 TV 프로그램을 본 적이 있다. 사장님은 비법을 알려달라고 찾아오는 이들에게 흔쾌히 비법을 전수해주고 있었다. 어렵게 터득한 비법을 왜 그렇게 쉽게 알려주느냐는 질문에 사장님은 이렇게 말했다. "어떤 일을 하려면 사리舍利가 나올 정도로 매진해야 합니다. 그 과정을 겪겠다는 독한 마음이 없다면 아무리 알려줘도 성공할 수가 없습니다." 비법을 전수받은 사람은 많지만, 실제로 자신처럼 하는 집은 전국에 두어 곳밖에 없다는 것이다.

많은 위대한 투자자가 감사하게도 자신이 걸어온 길을 다양한 방식을 통해 우리에게 전하고 있다. 그러니 우리는 그들이 개척해 놓은 길을 따라 걸으며 자신에게 맞는 길을 만들어가면 된다.

스타벅스와 커피,
그리고 주식투자

우리나라 사람들은 커피를 하루 평균 몇 잔이나 마실까? 우리나라 사람들의 커피 사랑은 유별나다. 나를 비롯하여 수많은 사람이 적지 않은 양의 커피를 마신다.

KB금융지주 경영연구소가 발표한 '커피전문점 현황 및 시장여건 분석' 보고서에 따르면 우리나라 성인 1인당 커피 소모량은 세계 평균 소비량인 132잔의 약 2.7배 수준인 연간 353잔이었다(2018년 기준). 보통 하루 한 잔은 마시는 셈이다.

아닌 게 아니라, 길을 걸어 다니다 보면 곳곳에서 커피 전문점을 쉽게 찾아볼 수 있다. 그중 대표적인 커피 프랜차이즈 기업으로 '스타벅스'를 들 수 있다. 나는 주식투자를 하는 입장에서 스타벅스를 보면 '스타벅스 같은 회사에 투자해야 한다'라는 생각을 한다. 물론 실제로 해외 시장을 통해 스타벅스에 투자하는 투자자들도 있을 것이다. 나는 국내 주식에 한정해서 투자하고 있어서 실제로 스타벅스 주식을 갖고 있지는 않다.

그렇다면 국내로 한정해서 생각할 때 어떠한 기업에 투자할 수 있을까? 시간을 돌려 원두커피가 유행하기 전에 사람들이 보통 어떤 커피를 마셨는지 떠올려보자. 노란색 봉지로 대표되는 커피믹스를 하루에 몇 잔씩 마셨던 것을 어렵지 않게 떠올릴 수 있을 것이다. 그 커피믹스를 만드는 기업으로 대표적인 회사는 바로 '동서'다.

과거 동서의 주가는 높은 매출에 힘입어 장기간 꾸준히 우상향하면서 투자자에게 안정적이고 높은 수익률을 안겨주었다. 그런데 소비자들의 입맛 변화, 즉 믹스커피에서 원두커피로 시장이 급변함에 따라 주가가 내리막길을 걷기도 했다. 그러다 편의점 커피 시장으로 진출한 후에 매출이 오르면서 기업과 주가가 다시 주목받기 시작했다.

여기서 투자자들은 몇 가지 사실을 배워야 한다.

첫 번째, 종목을 선정할 때는 거창한 종목보다는 주위 일상을 잘 관찰하여 찾는 것이 중요하다는 점이다. 생활의 소소한 변화들이 기업과 주가 변화에 영향을 미친다는 사실을 이해해야 한다. 일상에서 투자 종목을 찾게 되면 지속적으로 관찰할 수 있기 때문에 지속적으로 투자하기도 더욱 수월해진다.

두 번째, 우리의 입맛은 쉽게 변하지 않는다는 점이다. 한번 길든 입맛은 오래 지속된다. 이는 일단 사람들의 입맛을 사로잡은 상품은 소비자의 지속적인 관심과 매출 확보가 가능해진다는 것을 의미한다. 이런 인사이트를 바탕으로 투자하면 성과를 거둘 수 있다.

세 번째, 이러한 기업에 투자를 할 때 가장 중요한 것이 매출의 증가가 아니라는 점이다. 매출의 증가도 중요하지만, 더 중요한 것은 영업이익의 증가다. 동서는 매출 구조가 간단하여 매출의 증가가 바로 영업이익의 증가로 이어질 수 있었다.

이와 관련하여 피터 린치[Peter Lynch]가 제시한 구체적인 방법이 있다. 다음은 이를 설명하는 간단한 도식이다.

| A 기업 | 1제품 매출 50% 증가 | 1제품 비중 5% | 관망 |
| B 기업 | 2제품 매출 20% 증가 | 2제품 비중 70% | 매수 |

이 표에서와 같은 상황이 연출된다면 매출이 무조건 더 늘었다고 A 기업을 매수하는 것이 아니라, B 기업을 매수하는 것이 더 좋다. 다시 말해, 매출 증가가 해당 기업에 미치는 비중과 이로 인한 영업이익 증가까지의 연결고리를 봐야 한다는 뜻이다.

Part 3

터틀 트레이딩 3단계:
투자를 위한 공부와 훈련

제대로 익히지 않고는 절대로 알 수 없는 것들

주식투자 공부의
밑그림

"가장 좋은 투자 기회는 가장 많이 배운 사람이 차지하는 반면,

가장 위험하고 나쁜 기회는 재무적으로 가장 배우지 못한 투자자에

게 돌아간다."

_ 로버트 기요사키, 『부자 아빠, 가난한 아빠』

사실 전업투자자가 아닌 이상, 직업을 갖고 있는 일반투자자가
주식투자 공부에 많은 시간을 할애하기는 쉽지 않다. 이 점을 인정
하고 시작하자.

만약 도저히 공부할 시간이 없다면 간접 투자 등 다른 방법을

찾기 바란다. 그러나 일단 공부를 하기로 마음먹었다면 현실적으로 공부를 해나갈 수 있는 방법과 시간을 스스로 찾고 또 만들어야만 한다. 일과 주식투자가 뒤섞여 둘 다 엉망진창이 되지 않아야 하니 말이다.

주식투자 공부와 훈련, 실행의 과정을 대략적으로 짚어보자. 먼저 투자 대가들이 직접 쓴 책을 바탕으로 기초적인 토대를 쌓고, 투자 방법도 익혀야 한다. 이후 투자할 종목을 스스로 발굴하고, 모의투자를 통해 매매 시행착오도 겪어보고, 이를 발판으로 소액부터 실전 주식투자를 시작해본다. 이런 과정을 반복하며 점차 자신의 스타일대로 매매를 이뤄내는 것, 우리가 도달해야 할 지점이 바로 여기다.

그럼 주식투자와 관련한 책들을 어떻게 읽고 공부하면 좋을지에 대한 것부터 차근차근 살펴보자.

투자 관련
책들에 대한 생각

시중에는 주식투자와 관련한 수많은 책이 있다. 한정된 시간에 책을 읽어야 하는 개인투자자들은 이 많은 책 중 어떤 것을 우선해서 읽고 도움을 받아야 하는지 막막할 수 있다. 그러나 이에 대해 알려주는 사람이나 매체는 많지 않다. 일부 전문가나 투자 관련 카페, 블로그, 유튜브 등에서 추천 도서 목록을 제시하는 정도(그들이 읽은 한도에서 좋다고 이야기하는 정도)가 대부분이다. 하지만 같은 책이라도 투자자의 수준과 성향에 따라 다르게 다가올 수 있기 때문에 특정 추천 도서에만 국한해서 공부하는 것도 정석은 아닌 것 같다.

주식투자를 배우는 단계에서는 책을 체계적으로 읽는 것이 중요하다고 생각한다. 그래서 나는 먼저 책을 다음과 같이 구분해서 단계적으로, 선별해서 읽기를 권한다.

- 주식시장에서 꾸준한 수익을 낸 대가들이 직접 쓴 책
- 평론가가 쓴 주식시장의 심리 및 철학이 담긴 책
- 펀드매니저 및 애널리스트가 쓴 분석과 관련된 책
- 이코노미스트가 쓴 경제와 관련된 책
- 주식으로 수익을 냈는지는 불분명하지만, 시중에서 유명해진 책

투자자가 가장 먼저 읽어야 하는 책은 주식투자에 성공한, 즉 주식시장에서 큰 수익을 거뒀다는 사실이 증명된 투자 대가들이 쓴 책이다. 그 내용이 현재냐 과거냐는 크게 상관없다고 생각한다. 중요한 것은 저자가 주식시장에서 꾸준히 수익을 거두었는지, 또 이를 자신이 직접 썼는지다(위대한 투자자가 직접 쓰지 않고 다른 사람이 그

투자자에 대해 쓴 책까지 읽기에는 아마도 시간적 여유가 없을 것이다). 실제 저자의 다양한 사례와 경험이 담겨 있어야 현실성 있는 도움을 받을 수 있기 때문이다.

대가들의 책을 어느 정도 읽었다면, 거기서 멈추지 말고 더 나아가야 한다. 그다음이 심리와 시장 분석에 관련된 책을 읽는 것이다. 이런 책들은 실전에서 투자자들이 겪게 되는 다양한 상황을 익힐 수 있게 도움을 준다.

한편, 단지 시중에 알려져 있다는 이유만으로, 심지어 주식투자

종이신문 보는 법

종이로 된 경제 신문을 찾아서 보는 것도 추천한다. 물론 인터넷 뉴스 검색을 통해 맞춤 정보를 얻을 수 있지만, 종이신문은 큰 틀을 잡고 경제 현황을 파악하는 데 여전히 큰 영향을 준다고 생각한다. 심지어 광고에서도 때로는 투자 아이디어를 얻을 수 있다.

경제 신문은 가능한 집에서 구독하는 것이 좋다. 매일 신문을 훑어보고 모아두었다가 주말에 다시 한번 차분히 살펴보다 보면, 처음 볼 때 스쳐 지나갔던 뉴스가 큰 흐름으로 읽히기 때문이다. 또한 증권면보다는 산업면이나 경제 관련 특집 기사 등을 꼼꼼하게 보는 것이 더 공부가 된다.

를 제대로 해보지 않은 사람들이 쓴 책을 읽는 것은 주의해야 한다고 생각한다. 물론 마케팅 사회에서 온전한 정보를 얻기가 쉽지는 않지만, 분명 걸러서 봐야 한다.

책을 거르기 위해서는 되도록 오프라인 서점에 자신이 직접 가서 여러 책을 살펴보는 것을 권한다. 단지 책 제목이나 명성에 따라 사지 말고, 직접 그 내용을 잠시라도 살펴서 지금 나에게 당장 도움이 되는지 어떤지를 확인한 후에 구매를 하기 바란다. 그렇게 되면 사서 읽지 않고 쌓아만 두는 경우가 조금은 더 줄어들 수 있을 것이다.

수준별
공부법과 책

투자자는 자신의 수준에 맞는 책, 자신의 부족한 부분을 보완해 줄 책을 직접 살펴보고, 자신에게 맞는지 확인하고 결정하는 것이 가장 좋다. 그래야 자신에게 맞지 않는 책을 끙끙대며 읽는 시행착오를 줄일 수 있으니 말이다.

여기서는 초급, 중급, 고급별로 일반적인 가이드라인을 제시해 보도록 하겠다.

초급	1. 초보자를 위한 길잡이 2. 투자의 고전 * 모의 투자	고전을 집중해서 읽고 투자의 기초를 잡는 것이 필요하다. 또한 이 시기에는 서둘러 자금을 투입하기보다는 모의 투자 등의 방법으로 주식시장의 움직임을 익히는 것이 좋다.
중급	1. 기본적 분석 2. 기술적 분석 * 실전 투자 시작	투자의 내용을 본격적으로 공부하는 단계이다. 그러면서 주식시장에 자금을 투입해 매매를 시작한다.
고급	1. 퀀트와 관련된 투자법 2. 투자 심리와 관련된 내용 3. 글로벌 경제와 관련된 내용	다양한 응용 투자 기법을 익힐 수 있는 단계이다. 이전 단계에서 이러한 기법을 익히면 투자에 혼선을 초래할 수 있다.

첫째, 초급 과정에서는 주식투자에 대해 전반적으로 이해하게 해주는 책을 집중해서 봐야 한다. 이때 투자자들이 경계해야 할 것은 소위 베스트셀러만 보려고 하는 것이다. 유명하다고 해서 구입했으나 대부분 끝까지 읽는 경우는 드물 것이다. 이는 주식투자에 대한 공부를 오히려 멀리하게 되는 계기가 되기도 한다.

초보 투자자들은 공부할 때 토대를 잘 구축해야 한다. 지금까지 고전으로 일컬어지는 책들은 투자의 기초에서부터 활용과 역사까지 모두 담고 있다. 비록 일부분 현재 상황과 맞지 않는다고 하더라도 이러한 것들을 읽는 노력을, 특히 투자의 초기에 해야만 한다. 어느 정도 실력이 생기고 나면 다양한 투자 방법을 익혀야 하기 때문에 막상 투자 고전들을 차분히 읽을 시간이 많지 않다는 점도 염두에 두자.

둘째, 중급 과정에서는 기본적 분석 및 기술적 분석에 대한 책을 집중해서 읽어야 한다. 초급 과정에서 이런 책들을 읽는 경우가 많지만 중급 과정에서 시행하는 것이 좋다. 기본적 분석은 물론 쉽지 않다. 필요한 경우 외부 강의 등을 수강하는 것도 도움이 된다. 기술적 분석과 관련해서는, 너무 현란한 기법들을 깊게 익힐 필요는 없다. 단순히 개념과 현상 등을 파악할 수 있을 정도면 충분하다. 이 단계에서는 현금을 투입해 초기 투자에 나서는 것이 좋다. 하지만 초기에 자금을 너무 많이 투입하지는 말아야 한다.

셋째, 고급 과정은 퀀트, AI, 파생 등 다양하게 응용된 기법들을 익힐 수 있는 단계다. 이를 통해 다양한 투자 방법을 섭렵하면 좋을 것이다. 이 단계에서는 투자자들이 가장 어려워하는 분야 중 하나인 다양한 투자 심리에 대한 부분도 본격적으로 학습해야 한다. 투자자들이 간과하는 부분 중 하나인 심리 부분을 잘 익혀야 투자할 때 맞닥뜨리는 어려움을 슬기롭게 극복할 수 있다.

사상누각이 되지 않으려면

주식투자는 그 전 과정을 스스로 부딪혀서 직접 해보지 않고는 절대로 익힐 수 없다. 투자는 결코 머리로만 되는 것이 아니다. 물론 주식시장의 특성상 주식투자를 전혀 모르더라도 주위의 정보나 우연히 찾아온 행운에 의해서 큰 수익이 날 수도 있다. 그러나 이러한 행운은 말 그대로 단지 행운일 뿐, 영원히 지속되지는 않는다는 것을 알아야 한다. 한 번 매매에서 우연히 100% 수익이 났다 하더라도, 다음번 매매에서 100% 손해가 나면 원금까지 모두 사라지는 곳이 바로 주식시장이다.

모든 매매는 결과를 알기 전까지는 모두 수익이 날 것처럼 투자자에게 다가온다. 돈을 벌 확률이 낮은데 무리해서 투자하는 경우는 없으니 말이다. 하지만 주식투자는 이익을 볼 확률이 높아도, 시시각각 대응하는 투자자들의 다양한 상황과 심리 변화에 따라 매매의 결과가 확연히 달라진다. 특정 주식이 30% 올랐다고 해서 모든 투자자가 30%의 수익을 거두는 것은 결코 아니다. 오히려 그 주식에서 손해를 보는 경우도 많다.

주식시장의 변동성은 투자자가 제어할 수 없다. 투자자가 제어할 수 있는 건 오직 자신뿐이다. 따라서 자신을 제어하는 방법을 익히지 못한다면, 아무리 좋은 종목을 좋은 가격에 매수했다고 하더라도 큰 수익을 기대하기 어려울 수 있다는 것을 알아야 한다.

인류는 역사의 누적을 통해서 발전해왔고, 주식투자도 마찬가지다. 주식도 인간이 만든 제도이며, 다양한 사람들이 모여서 발전시켜왔다. 올바른 투자를 하기 위해서는 주식투자가 어떠한 과정을 겪으면서 발전해왔으며, 또한 어떤 위대한 투자자들이 자신만의 매매 방식을 개발하여 투자 수익을 거두어왔는지, 그 과정을 체계적으로 배울 필요가 있다. 투자자는 이러한 과정을 학습해야만 자기만의 기법을 만들어가는 토대를 쌓을 수 있다.

어떤 사람들은 투자의 고전은 과거의 일이라고 등한시한 채 언론의 유명세를 탄 책에만 집중하거나 현란한 매매 기법만을 익히려 들기도 한다. 하지만 그것만으로는 투자자가 알아야 하는 올바른 매매 방법을 익히고 꾸준한 수익을 내기에 한계가 있다. 어떤 배움이든 가장 경계해야 하는 것이 바로 '사상누각沙上樓閣'이다. 굳건한 토대 없이 단지 기법만을 익히려 한다면 한계에 부딪힐 수밖에 없다.

그래서 공부를 시작하는 초기에는 투자 고전을 집중해서 읽어야 한다고 강조하는 것이다. 실제 주식시장에서 그들의 생각과 방식을 적용하는 법을 고민해보기도 하면서 배우고 익혀야 한다. 물론 누구도 완벽하게 타인의 방법을 복제할 수는 없다. 그래서 자신만의 매매 기법을 제대로 개발해나가는 데 역량을 집중해야 한다. 공부의 최종 완성은 투자자 자신만의 눈으로 종목을 선정하여 매매하고 꾸준히 수익을 내는 것이기 때문이다.

"아무런 훈련도 받지 않고 병원에 들어와서는 '오늘 뇌 수술을 해볼까 합니다'라고 말할 순 없다. 뇌 수술을 하려면 16년 동안의 기본 교육에 4년 동안 의대를 다닌 후에 인턴을 거쳐 레지던트까지 마쳐야 한다. 의사로 활동하려면 엄청난 헌신과 몰입이 필요하다. 트레이딩을 보자. 몇 가지 서류를 작성하고 증권 계좌를 개설하고 입금한다. 트레이딩에 진입하기가 이렇게 쉽다. 이런 식으로 트레이딩하는 사람은 아무런 준비도 없이 뇌 수술을 하는 것과 동일한 결과를 얻는다. 환자가 죽는 것이며, 트레이딩의 경우 계좌가 사망 선고를 받는다."

_ 반 K. 타프, 『슈퍼 트레이더』

위대한 대가들의
투자법에서 배워라

1930년대 미국의 대공황 당시 벤저민 그레이엄^{Benjamin Graham}은 '안전마진'과 'PBR'이라는 개념을 도입했고, 1970년대 피터 린치는 고속 성장 기업을 측정하는 도구인 'PEG'라는 개념을 생각해냈다. 그리고 이를 모두 계승한 현재의 투자자들이 이들을 적절히 활용하여 투자 수익을 거두는 데 활용하고 있다.

그레이엄의 시대는 대공황이 발발한 때로, 기업의 도산이 일상이었다. 더군다나 회계기준도 허술하여 기업을 쉽게 믿을 수 없었다. 그래서 그레이엄은 그나마 믿을 수 있는 자산 가치를 생각하게 되었다. 피터 린치의 시대는 미국 경제의 고속 성장기였다. 그래서 성장의 올바른 가치를 측정하는 도구가 필요했다. 이렇듯 투자는 현실을 적극 반영하게 된다.

앞서도 강조했듯이, 투자자들은 역사적인 대가들의 투자법, 즉 그 방식이 나온 배경과 활용법을 차근차근 익히는 것이 중요하다. 대가들의 투자법을 초기에 익혀야 하는 또 다른 이유는 투자 과정에서 생기는 다양한 시행착오를 줄이기 위해서이기도 하다. 주식 투자의 시행착오는 시간과 돈의 손실을 뜻한다. 투자자에게는 모두 뼈아픈 손실일 터다. 투자 대가들도 매매 과정에서 다양한 시행착오를 이미 겪었고, 자신의 그런 경험을 통해 다른 투자자들이 이를 극복할 수 있는 실마리를 주고 있다.

안전마진

기업의 적정 가치와 주가 간의 차이를 의미한다(가치가 100인데, 주가가 150이라면 50이 안전마진이다). 적정 가치 대비 주가가 쌀 때 해당 기업의 주식을 사야 투자 자금을 손해 보지 않는 안전마진이 생길 수 있다는 개념이다.

어느 정도의 안전마진을 보고 투자를 해야 할까? 벤저민 그레이엄은 '높은 안전마진'을 강조했지만, 이는 절대적이라기보다는 종목과 상황에 따라 적절히 적용하는 것이 맞을 것이다.

PBR

기업의 자산가치를 측정하는 지표로, 주가순자산비율Price Book-value Ratio(주가/주당순자산)을 뜻한다. 이에 대한 기본 개념도 벤저민 그레이엄이 1930년대에 주식시장에 도입했다. 당시 미국에는 파산하는 기업이 속출했는데, 이때 투자한 기업이 설혹 파산한다고 하더라도 자산가치가 보장된다면 투자 대상으로 삼을 수 있다고 판단한 것이다.

PEG

PEGPrice to earnigs to growth(주가이익증가비율)는 피터 린치와 짐 슬레이터Jim Slater 등이 선호했던 투자 지표다. 이는 주식의 수익 가치인 PERprice earnig ratio(주가수익비율)이 높은 기업에 선뜻 투자하기 어려운 투자자들에게 수익 가치와 기업의 성장률을 동시에 확인해 투자할 수 있는 지표로 활용되고 있다(PEG=PER/EPS성장률). 즉, 기업의 성장률이 높다면 평균 대비 높은 PER이 용인될 수 있다는 것이다.

그래서 과거 대가들의 투자법을 익히면 시행착오를 줄이면서 주식시장에 좀 더 올바르게 접근할 수 있다고 생각한다. 익힌 만큼 득이 된다. 그들은 이미 큰 수익으로 실력을 증명해 보였기 때문에 한번 그들의 투자철학을 믿고 따라 해보는 것도 필요한 과정이라고 하겠다.

그럼, 어떤 대가의 투자법을 배워야 할까? 안타깝게도 대가들의 투자법은 한두 개만 존재하는 것이 아니다. 10명의 대가가 있으면 열 가지 투자법이 있기 때문에 해야 할 공부의 양이 그만큼 많은 셈이다. 배우는 과정에서는 다소 힘이 들더라도 이들 각각의 투자법을 가능한 한 모두 배우고 익히려고 해보자.

투자 공부 초기에
찾아오는 혼란

주식투자를 시작한 지 얼마 안 되는 초보 투자자들이 대가들의 다양한 투자 방법을 익히다 보면 혼란스러운 상황과 맞닥뜨리기도 한다. 대가들이 이야기하는 방법들이 다 맞는 것 같은데, 때로는 서로 충돌한다고 느껴질 때도 있기 때문이다.

예를 들어 벤저민 그레이엄은 자산가치에 중점을 두고, 윌리엄 오닐William O'Neil은 성장에 가치를 두고, 조엘 그린블라트Joel Greenblatt 는 시장의 소외에 관심을 갖고 있다. 이 중 무엇이 더 맞는지, 어디에 더 중심을 둬야 하는지 혼선이 오는 것이다. 이 사람의 책을 보면 이 말이 맞는 것 같고, 저 사람의 책을 보면 저 말이 맞는 것처럼 보이니 말이다.

이는 대부분의 투자자가 공부 초기에 어쩔 수 없이 겪는 혼란이기도 하다. 스스로 공부하는 투자자들이 이런 혼란 때문에 중도에 포기하는 경우도 종종 있다. 하지만 이 단계를 꾹 참고 공부를 지

벤저민 그레이엄

그레이엄은 가치투자의 창시자로 불린다. 기업가치 모델을 만든 최초의 투자자이기도 하다. 그의 가르침을 따르는 워런 버핏 등 수많은 투자자가 주식시장에서 승승장구하고 있다.

윌리엄 오닐

오닐은 여타 가치투자자와 마찬가지로 기업의 가치를 평가하는데, 그 이후 매매 시점을 잡는 데는 차트를 도입한 투자자다. 즉, 기본적 분석과 기술적 분석을 섞어서 투자에 활용했는데, 그의 대표적인 이론 중 하나가 '오닐의 손잡이 달린 컵[어떤 종목이 상승추세에서 U자 형태로 원형 바닥을 그린 후(컵 모양) 손잡이를 만들며 조정을 준 뒤 다시 크게 상승한다는 이론]'이다. 오닐은 이러한 방식으로 고속 성장주의 투자법을 투자자들에게 제시했다.

조엘 그린블라트

그린블라트는 '마법 공식'으로 유명한 투자자다. 그는 자본수익률(영

업이익/투자자본)과 이익수익률(영업이익/시가총액 순차입금)이라는 개념을 도입해 주식을 매수하는 방식(자본수익률이 높고, 영업이익 대비 기업가치가 낮은 종목에 투자하는 방법)을 제시했다. 모든 종목을 자본수익률과 이익수익률이라는 두 가지 측면에서 각각 점수를 부여하고, 그렇게 부여된 점수를 합산해서 주식의 순위를 매겼다.

그는 이러한 작업을 1년에 한 차례만 시행했다. 즉, 1년 단위로 계좌를 리벨런싱한 것이다(평소 바쁜 일을 하는 투자자들에게 적합할 수 있는 방법이라고 생각한다). 그린블라트는 이러한 단순한 공식을 가지고 헤지펀드 매니저로 활동했던 20년 동안 무려 8만 3600%의 누적 수익률을 올렸다고 한다.

속해야 한다. 조금만 더 나아가면 분명히 빛을 보는 단계에 다다르기 때문이다.

공부를 계속하다 보면 결국 모든 방법은 하나로 통한다는 것을 깨닫게 된다. 바로 '자신이 시장을 잘 이해하고 잘할 수 있는 방법을 수립해야 한다'는 것이다. 따라서 공부 초기 단계에서는 혼선이 극복될 때까지 꾸준히 주식투자 관련 내용을 익혀야 한다(운동을 시작한 후 생기는 초기 근육통과 같다고 할 수 있다. 이를 극복하기까지는 일정 시간이 필요하다). 이것이 주식투자 공부의 첫 번째 통과의례인 셈이다.

'전략'과 '전술'이라는 군사 용어가 있다. 전략은 목적을 말하고, 전술은 수단을 이야기한다. 전략은 한번 수립되면 수정을 할 수 없지만, 전술은 상황에 따라서 내용을 얼마든지 바꿀 수 있다. 군대에서의 전략이 전쟁에서 승리하기 위한 것이라면, 주식시장에서의 전략은 손해와 실수를 줄여서 꾸준한 수익을 내는 것이다. 이러한 전략을 달성하려면 여러 가지 방법을 고안해야 하는데 그게 바로 전술로, 주식시장에서는 수익이 날 수 있도록 하는 다양한 투자 방법이라고 할 수 있다.

그런데 전략을 등한시하고 전술을 절체절명의 원칙으로 삼는 경우가 종종 있다. 투자 방법에만 얽매이는 것이다. 그래서는 안 된다. 투자자에게 필요한 것은 올바른 전략을 세우고 다양한 전술을 익힌 후 이를 활용해서 자기만의 전술인 투자 방식을 찾아가는 것이라는 사실을 기억하자.

투자 대가들의
생각을 참고하자

그럼 지금까지 말한 투자의 대가들은 구체적으로 누구를 지칭하는 것일까? 우리가 공부에 도움을 받을 수 있는 대가의 기준은

'실제 자기의 방식이 있고, 이를 이용해서 꾸준히 수익을 낸 경험이 있느냐'다. 만약 투자를 직접 하지 않았거나, 했다 하더라도 꾸준한 수익을 내본 적이 없는 사람의 이론은 초기 공부 대상이 아니다. 이들은 나중에 시간이 날 때 보충해서 참고하는 것으로 구분하는 것이 좋겠다.

수익을 낸 투자자의 책만 선택해서 읽어도 벅차다. 시간이 무한정하지 않기 때문에 선택과 집중이 필요하다. 투자 초기에 꼭 공부해야 하는 투자자로 내가 추천하는 대가들은 다음과 같다(물론 투자자의 성향과 실력에 따라 달리 읽어야 한다. 내 추천에 너무 얽매이지는 말기 바란다).

- 개인투자자에게 적합한 투자법을 이야기해주는 '피터 린치'
- 차트를 활용해 성장 가치투자를 알려주는 '윌리엄 오닐'
- 마법 공식을 만든 '조엘 그린블라트'
- 박스 이론의 창시자 '니콜라스 다비스'
- 소형 가치주의 대가 '랄프 웬저Ralph Wanger'
- '줄루 주식투자법'이라는 독특한 시각을 제공한 '짐 슬레이터'
- 금융시장에 '심리 투자'라는 해법을 제시한 '알렉산더 엘더'

물론 이들 외에도 분야별로 수많은 대가가 있지만, 단순 투자이론이 아니라 실전 투자에서 누구나 적용할 수 있다는 점에서 앞서 제시한 대가들의 방법을 우선적으로 공부해야 한다고 생각한다.

국내 투자자라면 누구나 아는 '워런 버핏'이 리스트에서 빠져 있어 이상하게 생각할지도 모르겠다. 그의 책은 투자자가 봐야 하는 것들임은 분명하지만, 당장 실전에 필요한 책이라기보다는 철학적인 성격이 더 강해서 순서상 나중에 읽는 것이 더 좋다고 생각한다. 그리고 개인투자자들이 무작정 따라 하기엔 어려움이 있다는

책은 '입체적으로' 읽어라

투자의 대가들이 직접 쓴 다양한 책을 읽는 것이 말처럼 쉬운 일은 아닐 것이다. 그러나 책을 읽으면 스스로 실력이 크게 성장한다는 사실을 경험하리라는 점은 분명하다.

공부를 위한 책을 볼 때는 내용을 입체적으로 이해하려고 해야 한다. 이게 무슨 말일까? 구체적인 예로 피터 린치의 『월가의 영웅』을 읽고, 그의 화려한 시장 분류에 중점을 두게 되는 경우가 있다. 그러나 피터 린치가 '일상생활을 잘 관찰하여 친밀한 종목을 선정하라'라고 한 이야기는 정확히 이해하지 못하기도 한다. 또는 그보다 중요한 'A 제품이 잘 팔리더라도 해당 기업에서 A 제품의 매출 비중과 영업이익 비중을 따져야 한다'라는 점을 알아채는 투자자도 많지 않다.

일부 책이 대가들의 방법을 정형화해서 'PER 5 이상, PBR 1 이하'라는 기준을 제시하기도 하는데, 실전에서 그렇게 딱 맞게 투자할 수 있는 것은 아니다.

니콜라스 다비스의 『나는 주식투자로 250만불을 벌었다』에서는 '상단 박스 돌파 시 매수, 하단 박스 이탈 시 매도'라는 이해와 더불어 '주식시장의 소음'과 떨어져야만 객관적이고 올바른 판단으로 시장을 이길 수 있음을 이해해야 하는데, 그저 박스 이론에만 치중하기도 한다.

다비스는 월가의 소음에서 떨어져 온전히 본인만의 관점에서 사고할 때만 수익률을 지킬 수 있음을 강조했다. 시장과 가까이 갈수록 좋은 정보를 얻을 수 있다고 생각하는 많은 투자자에게 경종을 울린 것이다.

점도 고려했다.

초보 투자자의 목적은 일정 기간 투자에 대해 공부한 이후 실전에 응용할 만큼의 상태가 되는 것이다. 효율적인 공부를 위해 전략적으로 접근해야 한다. 물리적인 시간을 고려해서 일정 기간 필요한 것 위주로 공부하고 실전에 적용해서 수익을 내는 것! 대략 1년간 공부를 한다면 실전에 적용할 수 있는 책을 20여 권 읽는 것을 목표로 삼자(물론 투자 관련 책은 이후에도 평생 읽어야 한다).

투자 공부에도 강약 조절이 필요하다. 무작정 많이 먹는다고 좋은 게 아니라 영양가 있는 걸 어떻게 골고루 잘 섭취하느냐가 중요한 것이다.

주식 공부의
걸림돌

　이른바 투자 관련 '전문가'라고 불리는 사람들이 적지 않다(이들 중에는 진정한 대가도 있지만, 검증되지 않은 자칭 전문가들도 있다). 그들은 다양한 미디어의 발달로 투자자들의 곁에 깊숙이 들어와 있다. 각종 방송, 유튜브, 블로그 등을 통해 투자자들에게 자신들의 생각과 주장을 실시간으로 전하고 있다. 공부와 주관이 부족한 초보자들은 이들의 말에 귀를 기울이며 주식투자에 나서고 있는 것이 현실이다.

　여기서 투자자들이 유념해야 하는 것은 그들의 말이 그럴싸해 보인다고 무조건 믿고 따라 하거나 현혹되어서는 안 된다는 것이다. 그들을 못 믿어서가 아니다. 그 이유에 대해 자세히 짚고 넘어가 보자.

전문가의 말을 경계해야 할 때

주식투자 역시 깊이 들어가면 분야가 다양하고, 각 분야에서 뛰어난 사람들도 많다. 주식시장에 대해, 그리고 투자에 대해 선한 도움을 주고자 하는 전문가들도 물론 많지만, 투자자를 이용해 자신의 이익을 도모하고자 하는 의도로 투자자들 곁에 머무는 전문가(?)들도 있다.

다른 측면에서 한번 생각해보자. 우리 사회에서 자신만의 실력이 절대적으로 필요한 직종 중 하나가 바로 '의사'다. 그런데 아무리 뛰어난 의사라도 모든 병을 고칠 수 있는 것은 아니다. 의사들도 저마다 습득한 전문지식이 다 다르다. 전문 분야가 따로 있는 것이다. 모든 의사는 각자 자신의 전문 분야를 집중적으로 학습하고, 평생 꾸준히 실력을 갈고닦는다. 안과의사가 심장수술을 할 수는 없다는 것은 '상식'으로 통한다.

그런데 주식투자에서는 마치 안과의사에게 절박한 심정으로 심장 수술에 대해 묻는 것 같은 현상이 비일비재하다(나보다 조금 더

알면 전문가 대우를 한다). 투자자는 누구든 자신이 지향하는 바에 따라서 가치 중심 투자, 차트 중심 투자, 데이트레이딩, 스윙트레이딩 등 투자 패턴이 다 다르다. 이른바 전문가라는 애널리스트, 펀드매니저, 이코노미스트, 경제 전문가들도 처한 입장이 다 다르다. 그런데도 많은 투자자가 전문가들의 말이라면 무조건 경청하는 것이다.

감히 말하지만, 초보 투자자는 전문가의 말에 귀 기울이는 것에 대해 한 번쯤은 깊이 생각해봐야 한다. 투자에 대해 다른 사람들의 이야기를 듣는 것이 결코 나쁜 것만은 아니지만, 아직 자신의 주관이 확고하게 형성되지 않은 상황에서 전문가의 말에 휘둘리다 보면 자신의 투자관을 정립하는 데 오히려 방해가 될 수도 있기 때문이다.

나는 이를 '투자의 유아기'라는 표현으로 비유를 한다. 어린 시절 자아가 형성되기 전에는 대부분의 선택을 부모에게 미루고 부모의 결정에 따른다.

유아기	투자의 유아기
"엄마, 오늘 뭐 입어야 해?"	"전문가, 무슨 종목 사야 해?"
"엄마, 오늘 뭐 먹어야 해?"	"전문가, 지금 팔아야 해?"

그런데 자아가 형성되면 다음과 같이 바뀌게 된다.

자아 형성	투자의 자아 형성
"싫어. 난 그 옷 말고 다른 거 입을 거야!"	"그래. 하지만 난 그 종목이 좋아 보이지 않아 손절매를 할 거야."
"엄마, 오늘은 된장찌개 말고 김치찌개 먹고 싶어요."	"하지만, 나는 가치를 믿고 장기 보유를 할 거야."

당신은 어떤 단계인가? 스스로 옷을 찾아 입는 단계인가? 아니면 아직도 엄마(전문가)의 말에 따라 옷을 입는 상황인가? 인생에서 자아는 시간이 지나면 자연스레 형성되지만, 주식투자에서의 자아는 의도적으로 다양하게 학습해야만 형성될 수 있다. 투자를 오래 했다고 투자의 자아가 무조건 형성되는 것은 결코 아니다. 전문의가 되기 위해서는 많은 시간과 노력이 필요한 것과 같은 이치다. 치열한 노력 없이 의사가 되겠다고 꿈꾸는 어리석은 사람은 없다. 하지만 투자의 세계에서는 그런 '어리석은' 투자자들이 상당수 존재한다.

또 하나의 문제는 어설프게 굳어진 자아다. 운동에서도 잘못된 자세를 교정하는 것이 가장 어렵다. 전문가들의 이야기를 많이 들은 사람 중 '헛똑똑이'들이 많다. 주위들은 단편적인 지식은 있어서 뭔가 판단할 수 있는 것처럼 보이지만, '자신만의 결론'이 없다. 예를 들면 "코로나19로 인해 경기침체 (……) 환율은 강세로 원화 약세가 된다는데 (……) 미국은 경기부양을 (……)" 이렇게 현상의 나열은 잘한다. 그러면 이후에 '나는 실제 투자를 어떻게 할 것이다'라는 확고한 결론이 있어야 하는데, 이 부분에 대해서는 대충 얼버무리고 만다. 정작 중요한 건 '그래서 나는 어떻게 할 것인가'인데도 말이다.

우리가 외부 현상에 귀 기울이고 이를 파악하는 이유는 '그래서 나의 투자는 어떻게 하겠다'라는 결론을 내기 위해서다. 그러나 두루뭉술한 전문가의 말에만 집착하면 정작 자신의 결정을 미루게 된다. 물론 결정을 한다는 게 쉽진 않지만 그래도 계속 연습해야 한다. 맞고 틀리고의 문제가 아니라 자신의 투자 판단을 내리는 중요한 행위이기 때문이다.

공부를 하고 있다는 착각

공부에 대한 다소 민감한 이야기를 하고자 한다. 유튜브, 종목 토론방, 블로그, 카페……. 이곳들을 보고 어떤 생각이 드는가? 이들은 국내의 많은 투자자가 주식투자에 대해 배운다고 생각하고 자주 방문하는 곳들이다. 하지만 여기에 무분별하게 접근하는 것은 공부에 오히려 독이 될 수도 있다는 사실을 알아야 한다. 하나하나 자세히 살펴보자.

첫째, 각종 투자 관련 유튜브다. 아마도 주식투자에 대해 공부하고 있는 매체를 꼽으라면 요즘은 유튜브가 단연 1위 아닐까 싶다. 유튜브는 이미 실시간 방송부터 다양한 내용을 바탕으로 우리 곁에 친숙하게 다가와 있다. 주식투자가 아니더라도 다양한 전문지식을 쌓기에 아주 좋은 매체가 유튜브이기도 하다.

그러나 이 역시 가려서 볼 필요가 있다고 생각한다. 가끔 검색되는 유튜브를 보고 적잖이 놀라곤 한다. 아무런 내용도 없이 그저 주식투자에 대한 재미만 담고 있는 유튜브는 그나마 사정이 조금 낫다. 그러나 공부하는 투자자들이 절대로 봐서는 안 되는 유튜브도 있다. 명확한 근거 없이 무작정 종목을 거론하는 방송이 그렇다. 실제로 해당 종목이 상승했는지, 하락했는지는 중요하지 않다. 고장 난 시계도 하루에 두 번은 맞히지 않는가. 아무런 근거가 없는데도 자주 듣다 보면 자신도 모르게 빠져들 수 있다. 따라서 각자의 수준에 맞는 좋은 아이템을 선별해서 보는 혜안을 기르기 바란다.

둘째, 종목 토론방이다. 하나의 종목에 대해 다수의 투자자가 모여 종목과 관련한 다양한 내용을 주고받는 곳이다. 종목 토론방의 역사는 인터넷의 역사와 거의 흡사할 정도로 오래되었다.

나는 투자자들이 종목 토론방에서 하루빨리 빠져나오기를 바란다. 일부 투자자는 토론에 참여하지는 않더라도 종목과 관련된 최신 정보가 있다는 생각으로 내용을 꼼꼼히 살핀다. 하지만 이내 실망하게 되는 경우가 보통이다. 90% 이상의 내용이 아무런 근거가 없는 것들이고, 심지어 상대방에 대한 욕설 등으로 가득 차 있을 때도 있다. 이곳에서 시간을 보낸다는 것은 정신적으로나 시간적으로나 매우 소모적이다. 이곳에서 좋은 정보를 얻기란 백사장에서 바늘을 찾는 것과 같다. 세상에 공짜로 주는 좋은 정보는 없다는 상식을 되새기기 바란다. 또한 주식투자는 정보로 하는 것이 아니라 기업 가치에 대한 판단을 기본으로 하는 것임을 잊지 말기 바란다.

셋째, 블로그 및 카페다. 상당히 많은 투자자가 투자 공부와 관련하여 블로그와 카페를 이용하고 있다. 이들은 만들어진 시간 및 회원 수 그리고 작성자의 목적에 따라 분류가 확실히 정해져 있다. 일부는 유료 서비스로 이용을 제한하는 경우도 있다. 무분별하게가 아니라면, 이를 적절하게 활용하는 것이 도움이 될 수도 있다고 생각한다. 물론, 그 판단은 투자자가 현명하게 내려야 하는 것이다.

그 밖에 뉴스도 있다. 주위를 보면 온갖 투자 관련 정보를 꿰뚫고 있는 투자자들이 있다. 다양한 뉴스를 열심히 보고 있는 것이다. 이렇게 뉴스를 쫓아 열심히 보는 것이 투자 공부에 도움이 될까? 내 생각엔 크게 도움이 되지 않는다고 생각한다. 물론 아예 뉴스를 안 보는 사람보다는 낫겠지만, 지나친 것도 좋지 않다. 뉴스 역시 잘 선별해서 보기를 권한다.

마지막으로 말하고 싶은 것이 HTS다. 공부와 관련하여 HTS를 거론하는 것이 의외라고 생각하는 사람도 있을 것이다. HTS는 차트 및 조건식에 따른 기업 분석을 하기에 매우 잘 특화되어 있다. 현재 및 과거의 주가 수준을 보는 데 용이한 면이 있다. 그러나 공부하는 투자자들에게 이런 말을 해주고 싶다. '오전 9시부터 오후 3시 30분까지 HTS 앞에 앉아 있으면서 자신이 열심히 공부하고 있다고 생각하지는 말라'는 것이다.

주식 관련 시세와 차트를 열심히 본다고 공부가 되는 것은 아니다. 그리고 시세의 흐름을 계속 관찰한다고 그 주식에 대해 더 잘 알게 되는 것도 아니다. 주식투자와 관련된 공부는 따로 시간을 내서 해야 한다. 많은 투자자가 우러러보는 워런 버핏의 책상 위에는 시세 단말기가 없다는 점에 주목하기 바란다.

기본적 분석을
익히는 방법

올바른 주식투자란 과연 무엇일까? 주식투자에서는 결과인 수익이 물론 중요하지만, 그에 못지 않게 과정도 중요하다. 올바른 과정을 통해 수익을 얻었을 때 그 성취감과 자신감이 배가될 수 있기 때문이다. 또한 그 과정을 반복함으로써 좋은 결과도 반복할 수 있다면 투자 완성도 역시 더욱 높아질 것이다.

올바른 주식투자를 한마디로 정의할 수는 없겠지만, 기업의 가치를 정확히 파악해서 투자하는 것을 빼놓고는 설명할 수 없지 않을까 한다.

기업 가치를
판단한다는 것

기업의 가치를 파악한다는 것은 결코 쉽지 않은 일이다. 이를 위해서는 '기업의 언어'라고 불리는 회계 지식도 배워야 한다. 그런데 이것부터가 난관이다. 회계 지식이 굉장히 어렵고 복잡하게 느껴지기 때문이다(모국어가 아닌 언어를 배우려면 일정 기간 노력을 기울여야 하는 것과 같다).

하지만 기업 가치에 기반을 둔 투자를 하기 위해선 올바른 가치를 측정하기 위한 기업 분석은 필수다. 이를 '기본적 분석'이라 한다. 재무 데이터를 중심으로 기업의 가치를 측정하는 작업인데, 이는 기업들이 정기적으로(분기, 반기, 1년) 발표하는 재무제표를 이해하고 활용할 줄 알아야 한다는 것을 의미한다.

그러나 재무제표 활용법을 잘 모르는 투자자들이 많다. 재무제표를 잘 아는 투자자라고 해도 자신이 한 분석이 (많은 시간을 들여 어렵게 기업 분석을 했는데) 꼭 들어맞지 않는다는 데 실망한 경우가 꽤 있을 것이다. 재무제표 공부가 그만큼 어렵다는 얘기다.

이 때문에 비교적 시간이 덜 들고 시각적·확률적으로 접근할 수 있는 가능한 기술적 분석, 즉 차트를 보고 투자하는 데 집중하게 되기도 한다. 하지만 기본적 분석은 완벽하지는 않아도 기업 가치를 평가하는 데 근간이 되기 때문에 그 원리를 잘 익히는 것이 매우 중요하다 하겠다.

강조컨대, 재무제표를 읽고 이해하는 일은 주식투자의 기본 작업이다. 재무 분석 없이 기업을 보게 되면 적정 가치를 찾을 수 없고, 그러면 투자의 기준을 세울 수 없기 때문에 올바른 투자를 할 수 없다.

투자에는 명확한 기준이 있어야 한다. 기본적 분석을 통해 그 기준을 세워야 한다. 또한 기업에 대한 기본적 분석은 투자 종목을 거르는 필터 작용도 한다. 투자자는 이 필터를 다루는 능력을 키워야 한다.

재무제표의
구성과 분석

기본적 분석을 하기 위해서는 먼저 재무제표의 구성을 알아야 한다. 재무제표 분석을 너무 복잡하게 생각하지 말자. 큰 틀을 잡지 못해서 어렵게 느껴지는 것뿐이다. 지레짐작으로 재무제표를 두려워하지 말기 바란다.

투자자가 익혀야 하는 기본적인 재무제표는 크게 세 가지로 '재무상태표, 손익계산서, 현금흐름표'다. 이를 흔히 '재무 3표'라고 한다. 이들은 기업의 자금 흐름에 따라 작성되는데, 이를 간단히 정리하면 다음과 같이 이해할 수 있다.

1단계	기업 설립을 위한 자금(돈) 조달과 이를 통한 기업의 구성
2단계	기업 생산활동의 결과를 판매하고(매출) 이익을 창출하는 과정
3단계	일련의 과정에 따른 자금의 결제 등

이 3단계를 각각 구분해서 정리한 것이 바로 재무 3표다. 투자를 위해 재무제표를 이해하기 위해서는 이 재무 3표를 '흐름 중심'으로 공부를 해야지 하나하나 단편적으로 공부해서는 안 된다.

즉, 투자자는 재무 3표의 유기적인 관계를 이해하는 것이 중요하다. 돈과 매출과 비용과 이익 간의 관계에 대한 이해 없이 단편적으로 재무 3표를 공부하려고 하니 재무제표가 어렵다고 느끼게 되는 것이다.

기업의 목적은 돈을 모아 그 돈으로 투자를 하고, 투자를 바탕으로 매출을 일으켜 수익을 발생시키는 것이다. 이 원리를 머릿속에 넣고 유기적인 관계로 이해하려고 해보자.

먼저 자금의 조달 과정부터 살펴보자. 자금은 그 소유자를 구분하여 기업가 자신의 돈을 '자본'이라 하고, 타인에게 빌린 돈을 '부채'라고 표시한다. 이들을 합산한 자금을 가지고 회사를 구성하게 되는데, 이를 '자산'이라고 부른다. 즉, '자본(자신의 돈)+부채(남의 돈)=자산(회사의 구성)'이 되는 것이다.

이를 각각 구분하여 기록한 것이 '재무상태표'다. 재무상태표에서 좌측의 '자산'과 우측의 '부채와 자본의 합'은 항상 일치하게 되어 있다.

재무상태표

자산	부채
	자본

기업은 이렇게 구성된 자산을 바탕으로 활발한 영업 활동을 하고, 이를 통해 기업의 매출을 일으킨다. 이후 이에 소요되는 각종 비용을 지출하고 나면 이익(손실)이 발생하게 된다. 이 내용을 순서대로 기록한 것이 바로 '손익계산서'다.

손익계산서

매출
(-) 각종 비용
이익(손실)

또 이런 일련의 활동 중 직접적인 현금의 흐름(유출입)만을 따로 떼어 작성한 표를 '현금흐름표'라고 한다.

현금흐름표

영업 현금흐름
투자 현금흐름
재무 현금흐름

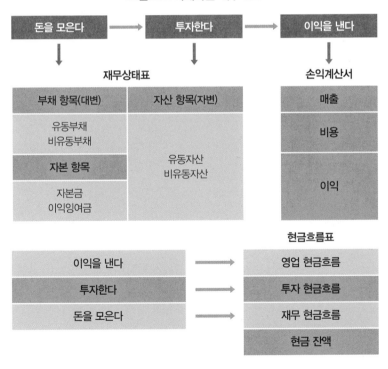

흐름으로 이해하는 재무 3표

재무 분석은 이렇게 작성된 표를 가지고 각 항목을 비교 분석하는 것이다. 예를 들어 자본과 부채 중 어느 것이 많은지, 자산 항목 중 중요하게 봐야 하는 것이 있는지, 매출과 영업이익이 꾸준히 증가하고 있는지 등을 종합적으로 살펴보는 것이다.

다트
활용법

앞서 설명한 재무제표는 금융감독원 전자공시시스템인 '다트 DART(dart.fss.or.kr)'에서 찾아볼 수 있다. 다트는 증권사 HTS에서도 직접 연결되고, 포털 사이트에서도 찾아서 들어갈 수 있다.

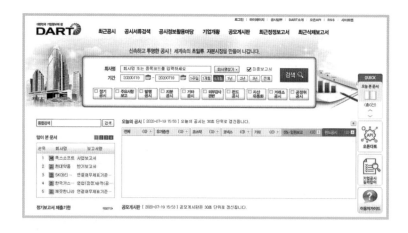

모든 상장 기업은 금융당국이 정한 규정에 따라 일정 기간별 회계 자료를 다트를 통해 공시(발표)해야 한다. 이때 모든 투자자에게 동시에 공개되도록 해야 한다. 만약 사전에 이를 다른 경로를 통해 발표하면 법의 엄격한 제재를 받게 된다.

재무와 관련된 사항은 각 분기 및 사업연도 말에 발표되는 '사업보고서'에 담겨 있다. 투자자라면 이 자료를 신중하게 봐야 한다. 분기 사업보고서는 분기 마감 후 45일 이내, 기말 사업보고서는 사업연도 마감 후 90일 이내에 발표하도록 규정되어 있다.

사업보고서를 처음 보는 투자자라면 이를 프린트해서 종합적인 윤곽을 그려보는 것도 도움이 된다(다만, 100~150페이지 정도 되는 만

다트 알리미 서비스

투자자는 매번 다양한 공시 사항이 발표될 때 마다 사이트에 들어가서 확인을 해야 한다. 그런데 이러한 사항이 언제 업데이트되는지 알지 못한다. 기업이 수시로 공시사항을 업데이트할 수 있기 때문에 투자자가 조금이라도 관심을 기울이지 않으면 중요한 정보를 놓칠 수도 있다.

이러한 점을 방지하기 위해 다트에서는 알리미 서비스를 제공하고 있다. 휴대폰에 다트 앱을 설치하고 관심 종목에 알림 서비스를 신청해두면 해당 기업이 공시를 할 때마다 알람이 울리게 되어 있다.

만치 않은 분량이긴 하다).

사업보고서와 더불어 회계연도 말에 외부 회계법인의 감사를 받아 발표하는 '감사보고서'도 있는데, 1년에 한 번은 꼭 봐야 한다. 감사보고서는 주주총회 1주일 전에 주주들에게 보고하도록 되어 있다.

여기에는 외부 감사인(회계법인)의 의견이 담겨 있는데 적정, 한정, 의견 거절 등으로 구분된다. '적정'은 회계기준에 맞게 기업의 재무제표가 작성되었음을 의미한다. 이는 해당 기업이 우량하다는 의미와는 다르므로 주의해야 한다. '한정'은 기업의 재무제표 등에 접근하기가 어렵거나 일부 오류가 있는 경우를 말하고, '의견 거절'은 해당 기업의 재무제표를 신뢰하기 어렵다는 의사표시다. 이는 해당 기업의 상장폐지와 관련이 있으므로 잘 살펴야 한다.

감사보고서에는 '주석'도 담겨 있다. 재무제표 등에 있는 숫자의 내용을 설명한 것으로, 재무제표를 더 잘 이해하기 위해서 꼼꼼하게 체크해야 한다.

스스로 해석하는 법을 익히자

주식의 가치는 EPS(주당순이익)×PER(주가수익비율)로 표시할 수 있는데, EPS를 구하는 근본적인 자료가 재무제표다.

$$주가 = EPS \times PER$$

투자자가 가치에 기반을 둔 투자를 한다면, 재무 분석을 얼마나 잘 활용하느냐에 투자의 성패가 달려 있다고 할 수 있다. 따라서 숫자로 이루어진 지표들을 투자자가 이해하고 이를 '스스로 해석' 할 수 있어야 한다.

기업을 바라보는 눈은 투자자마다 다를 수밖에 없다. 예를 들어 시장 평균 PER 혹은 업종 평균 PER이 11배인데, 지금 보고 있는 기업의 PER이 9배라면 저평가일까, 평균일까? 이를 가지고 적극적인 투자에 나서야 할까, 소극적인 투자를 해야 할까? 이렇듯 같은 숫자를 놓고 모든 투자자가 같은 결론을 내리지 않는다. 어쨌거나 투자자는 자신만의 해석 방식을 반드시 가지고 있어야 한다. 이는

EPS

주당순이익Earning Per Share을 말한다. 기업이 벌어들인 순이익(당기순이익)을 그 기업이 발행한 총 주식 수로 나눈 값으로, 1주당 이익을 얼마나 창출했느냐를 나타내는 지표다. EPS가 높을수록 주식의 투자 가치가 높다고 볼 수 있으며, 그만큼 해당 회사의 경영실적이 양호하다는 뜻이다.

PER

주가수익비율^{Price Earning Ratio}을 말한다. 주가를 주당순이익(EPS)으로 나눈 것으로, 주가가 주당순이익의 몇 배인가를 나타낸 지표다. 예를 들어, A사의 주가가 3만 원, 1주당 순이익이 3000원이면 PER은 10(배)이다. PER이 높으면 기업이 영업 활동으로 벌어들인 이익에 비해 주식이 높은 가격에 거래되고 있음을(고평가), 반대로 PER이 낮으면 이익에 비해 주식이 낮은 가격에 거래되고 있음을(저평가) 의미한다.

맞고 틀리고의 문제가 아니다. 만약 자신의 해석이 적절하지 않았다고 생각된다면, 해석 방법을 거듭 수정해가면 된다.

적잖은 사람이 주식투자는 관련 내용이 다양한 숫자로 이루어져 있기 때문에 과학적 접근 방법이 가능하다고 생각한다. 각종 공식으로 계산할 수 있기 때문이다. 책에 나온 다양한 공식을 외우고 그대로 적용해서 따라 하려고도 한다. 하지만 파트 1에서 이야기했듯이, 주식투자는 과학이 아니라 예술이라고 표현하는 이유를 생각해봐야 한다. 숫자를 해석하고 판단하는 데 투자자의 주관적 판단이 중요하기 때문이다. 숫자는 결국 투자 판단을 하는 데 단순 참고자료일 뿐이다.

기업에 직접
문의해보는 방법도 있다

투자를 위해 사업보고서를 읽는 것은 기본이라고 앞서 언급했다. 이 과정을 반복하다 보면 스스로 진화하게 된다. 대표적인 것이 회사에 대해 더 알고 싶어지고, 더 구체적으로 확인하고 싶어지는 것이다. 이를 위해서는 해당 기업을 직접 방문하여 눈으로 확인하는 '기업 탐방'이 가장 좋은 방법이긴 하지만, 여러 제약으로 일반 투자자들이 이를 실행하기는 쉽지 않다. 그 대신, 기업의 주식 담당자와 통화를 하는 것은 가능하다.

물론 처음에는 주식 담당자와 통화하는 것이 두려울 수 있다. 그래서 나는 교육생을 가르치면서 주식 담당자와 통화하는 과제를 내주기도 했다. 처음에는 망설이던 교육생들이 통화를 해보고는 기업에 대해 더욱 깊이 있게 알게 되는 성과를 얻었다. 통화하기 위해 더 긴장해서 공부하게 된 측면도 있었다. 이제는 교육생들이 다양한 기업의 주식 담당자와 적극적으로 통화한다.

주식 담당자는 상장회사 내에서 대외적으로 주식과 관련된 업무를 보는 직원을 말한다. 주로 총무나 홍보 부서에 배속되어 있으면서 주주들을 응대하는 업무를 담당하고 있다.

물론 무턱대고 기업에 전화한다고 본인이 얻고자 하는 정보를 얻을 수는 없다. 해당 기업에 대해 충분히 학습한 뒤에 미리 질문

주식 담당자의 연락처 찾기

많이 사용하는 '네이버 금융' 사이트를 기준으로 설명하겠다. 해당 기업을 검색해 '종목 분석' 탭을 클릭하면 '대표전화'와 '주식 담당' 2개의 정보가 나오는데, 주식 담당이라고 공개된 번호로 연락하면 된다. '기업개요'를 클릭해도 '주식 담당' 전화번호가 나온다.

지를 작성해서 전화해야 소득이 있을 것이다. 그리고 문의는 자신이 공부해서 어느 정도 알고 있는 사실을 확인하는 데 중점을 둬야 한다. 다짜고짜 질문해서는 대화가 이어지기가 쉽지 않다. 주식 담당자는 해당 기업에 대해 잘 알지만 무의식중에 그 내용을 발설하지는 않도록 잘 훈련되어 있기 때문이다(주요 정보를 공시 이전에 유출하면 법의 제재를 받게 된다).

흔히 다음과 같은 질문들은 주식 담당자에게서 답을 얻을 수 없다. "오늘 주가가 빠지는데(오르는데) 왜 그런 거예요? 앞으로 주가가 어디까지 오를 것 같은가요? 지금 A제품이 얼마나 팔리고 있나요? 발표된 좋은(나쁜) 소식이 있나요? 계약 소문이 있던데 사실인가요? 이번 분기 매출과 이익(전망)은 어떻게 되나요?"

이는 투자자들이 가장 궁금해하고 듣고 싶어 하는 질문이지만, 주식 담당자는 규정상 이를 말할 수 없다. 주식 담당자와의 통화에서는 이미 발표된 재무제표 내용 확인과 공개된 회사의 구조에 대한 사항, 더불어 전반적인 분위기 파악 정도가 가능하다. 정보를 얻겠다 싶어 주식이 많다고 이야기해도 달라지는 것은 없다. 주식 담당자가 상대방이 주주인지 아닌지 현실적으로 확인할 방법도 없고, 워낙 매매가 많은지라 일일이 명단을 파악하기도 어렵다. 자신을 소개할 때는 "○○회사에 투자하고 있는 주주입니다" 정도면 충분하다. 시작이 반이다. 망설이지 말고 전화를 해보기 바란다.

기술적 분석을
활용하는 방법

가치투자자들 중에는 차트를 전혀 이용하지 않는 이들도 있다. 기술적 분석에 큰 비중을 두지 않는다면, 차트에 대해 굳이 따로 공부할 필요가 있을까 하는 생각도 들 것이다. 하지만 주식투자는 가치에 기반을 두고 있다고 해도 빠르게 성장하는 기업의 경우 차트를 적절히 활용하여 매매하는 것이 필요할 때가 분명 있다고 생각한다.

몇몇 기업은 성장세가 가파르기 때문에 기업의 가치가 주가에 실시간 반영된다고 할 수 있다. 따라서 이를 파악하는 데는 차트를 보는 것이 유용할 수 있다. 물론 투자자가 차트를 이용하는 것은 투자자의 매매 방식과 성향에 달린 것이지 '이것이 정답'이라고 할 수는 없다.

차트 분석이
필요할 때

기본적 분석 없이 전적으로 차트만 활용하는 것에 나는 반대 의견을 가지고는 있지만, 각종 타이밍을 포착하는 데 활용하는 수준으로 차트 분석을 익히는 것은 좋다고 본다. 차트를 통해 다른 투자자들의 생각을 엿볼 수도 있다.

묵묵히 기다리는 가치투자도 필요하지만, 거기에만 몰입하기에 개인투자자들은 시간 및 자금의 여유가 없는 것이 사실이다. 공부는 이러한 사정을 고려하여 개인투자자들에게 가장 유리한 방식으로 해야 한다고 생각한다.

일부 투자자는 현란한 기술적 분석을 좋아하기도 한다. 현란하다는 것은 다양한 분석 틀을 한꺼번에 집어넣어 차트를 매우 복잡하게 만드는 건데, 다양한 변수를 집어넣으면 기술적 분석이 더욱 정확성을 가질 것이라고 생각하기 때문이다. 하지만 동시에 다양한 결과치가 쏟아져 나오면 오히려 실전에서 혼란만 더할 수도 있다.

거듭 말하지만, 차트 분석은 주가의 과거 움직임을 보고 미래를 예측하는 것이기 때문에 예측에 필요한 변수는 단순할수록 좋다. 그래야 상황에 따라 분석이 달라지는 오류(투자자의 기분에 따라 분석을 달리하는 오류)에서 벗어날 수 있게 된다. 비록 완벽성이 떨어진 다고 하더라도, 우리에게 필요한 건 지금 당장 쓸 수 있는 명확한 지표다. 솔직히 실전에서는 명확한 지표도 따를지 말지 고민하는 데, 많은 변수를 반영해서 도출한 결과물은 너무 혼란스러워 당장 써먹기가 어렵다.

그럼 '지금 당장 쓸 수 있는 명확한 지표'로는 뭐가 있을까? 가장 필요한 것은 '봉과 이동평균선, 그리고 거래량' 등이다. 이를 기본 차트라 부른다. 차트를 왜 기본 차트와 보조 차트로 구분해서 부르는지 알아야 한다. 핵심은 기본 차트이고, 보조 차트는 말 그대로 보조 역할만 할 뿐이다. 조금 더 추가하자면 '추세'나 'BOX' 등 일정 패턴을 나타내는 것들도 익히면 좋다. 하지만 이 또한 절대성이 있는 것은 아니므로, 필요성 여부는 투자자가 고민해서 결정하는 것이 좋다.

당부하고 싶은 것은 기술적 분석이 '역사는 반복될 것이라는 믿음'을 전제한다는 것을 잊어서는 안 된다는 점이다. 즉, 차트를 본다는 것은 '과거에 주식이 이렇게 움직였으니, 이번에도 동일한 패턴을 그리면서 움직이게 될 것'이라고 믿는 것이다. 하지만 이러한 믿음은 투자자 각자가 '주관적'으로 만드는 것일 뿐 시장에서는 그

믿음이 얼마든지 깨질 수 있다는 것을 알아야 한다. 기술적 지표가 절대적이라고 믿는 오류는 반드시 경계해야 한다. 기술적 분석은 어디까지나 기본적 분석을 보완하는 역할에 한정해야 한다.

기본적인 차트에 대한 이해

차트를 잘 모른다고 겁먹을 필요는 없다. 우리는 적절한 매매 시점을 잡기 위해 차트를 보는 것이기 때문에 여타 증권 TV 등에서 흔히 보는 복잡하고 현란한 분석은 중요하지 않다.

차트는 주가의 기본적인 움직임을 나타내는 '봉(일봉, 주봉, 월봉

등)'과 이를 바탕으로 기간별 종가를 연결한 '이동평균선', 그리고 하루 동안 해당 주식이 거래된 '거래량' 등으로 이루어진다. 이것이 가장 기본적인 모습의 차트다.

기본적으로 차트는 앞의 그림처럼 되어 있다. 이 차트는 주가의 하루 움직임을 표시한 '일봉('양봉'과 '음봉'으로 구분되는데 실제 차트에서 양봉은 빨간색으로, 음봉은 파란색으로 표시된다)'과 봉의 종가를 기간별로 연결한 '이동평균선' 그리고 매일의 '거래량'을 표시하고 있다.

일봉(주봉, 월봉, 분봉 모두 마찬가지다)을 통해 하루 동안 주가의 움직임을 한 번에 확인할 수 있다. 차트를 볼 때 투자자들이 유의해야 하는 것은 단순히 이를 그림으로 보지 말고 그 속에서 치열하게 움직였을 투자자들의 심리를 읽도록 노력해야 한다는 것이다. 이는 봉의 모양과 이동평균선의 추세를 통해서 파악할 수 있다. 또한 거래량의 변화 등을 통해서도 알 수 있다.

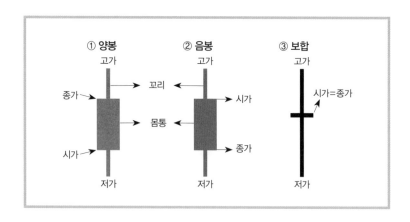

'추세'와 '박스'

'추세'는 주가의 움직임이 계속 진행되는 것을 말한다. 주가도 관성의 법칙을 따르는 경향이 있어서 한번 명확한 추세가 형성되면 한동안 그 추세가 이어지는 경우가 많다. 많은 투자자가 동일한 반응을 하기 때문이다(차트에서는 추세가 형성되지 않는 경우가 추세가 형성되는 경우보다 더 많다. 그러니 억지로 추세를 찾으려고 할 필요는 없다).

추세를 확인하기 위해서는 움직이는 주가의 고점과 저점을 연결한 선을 차트상에 그려보면 된다. 상승 추세는 지지 여부가 중요하기 때문에 추세선을 주가의 하단에 그리고, 하락 추세는 저항이 중요하기 때문에 주가의 상단에 그린다.

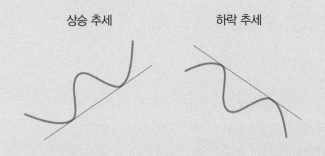

상승 추세 　　　　　　　 하락 추세

'박스'는 말 그대로 주가의 움직임이 일정한 박스 안에서 움직이는 모양을 말한다. 일반적으로 박스권을 형성했음이 확인되면 많은 투자자가 박스 상단에서 매도하고, 박스 저점에서 매수에 나선다. 이 때문에 박스가 한동안 더욱 공고해진다.

박스 모양

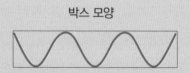

　이러한 박스를 이용하여 매매 기법을 개발한 투자자가 바로 니콜라스 다비스다. 그의 이론을 간단히 정리하면, 주가가 박스의 상단을 돌파하여 새로운 박스로 이동할 때 적극 매수를 하는 것이다. 반대로 기존 박스의 하단을 하향 돌파하는 경우에는 매도를 해야 한다. 이때 매수는 새로운 주가 수준으로 상승할 때만 하는 것이 중요하다. 한 박스 안에서 오르락내리락하는 시세는 의미가 없다.

박스를 이용한 매매

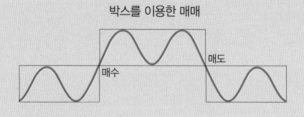

심리적 문제를
극복하는 방법

대부분의 투자자는 기본적 분석과 기술적 분석을 익히고 나면 주식투자의 전쟁터에서 천하무적의 무기를 갖게 되었다고 생각한다. 그래서 더 과감하게 본격적으로 주식투자에 뛰어든다. 그런데 이상하게도 수익이 꾸준히 발생하지 않는 상황에 너무나 쉽게 맞닥뜨린다. 어디서 잘못됐는지 모르겠고, 그전보다 더 주식투자가 어렵게 느껴지면서 스트레스가 계속 쌓여만 간다.

왜 그럴까? 주식투자에서 매우 중요한 또 다른 훈련이 부족해서다. 바로 '투자 심리'의 문제다. 이에 대해 인식하는 투자자는 의외로 많지 않다(이를 짚어주는 이른바 전문가도 드물다). 매매 방식을 익히는 것으로 투자 공부나 훈련을 끝내서는 안 된다. 사실 실제 매매에서 더 중요한 것은 그때그때 맞닥뜨리는 상황을 판단하고 결정하는 투자자의 심리다.

심리를 다스리는 것은 대단히 어려운 일이다. 인간은 기본적으로 편하고 익숙한 대로 움직이려 한다. 하지만 주식투자는 이러한 심리에 역행해야 하는 경우가 더 많다. 또한 인간의 행동은 결코 합리적이지 않다. 이 점을 인식하고, 또 이해해야 한다. 그럼 지금부터 투자자들이 겪을 수 있게 되는 다양한 심리적 상황에 대해서 알아보자.

투자를 하면서
변하는 심리

주식투자를 하다 보면 투자자는 자신의 돈이 늘었다 줄었다 하는 것을 일상적으로 경험하게 된다. 아쉽게도 투자금이 일방적으로 늘기만 하는 경우는 절대 없다. 그래서 돈이 움직이는 상황에 따라 인간의 본성과 부딪히는 다양한 심리적 상황을 마주하게 된다.

일단, 주가의 움직임에 따라 마음이 수시로 바뀐다. 주가가 오르면 자신감도 따라 오르고, 한없이 오를 것 같은 행복한 감정이 든다. 그러나 주가가 내려가면 하락의 이유가 무엇인가와 상관없이 불쾌한 감정에 휩싸인다. 그러다 보면 주가의 움직임과 계획 사이에 갈등이 생기면서 계획을 지키기보다는 다양한 이유로 계획을 바꿔야 한다는 유혹에 빠지게 된다. 이는 손실이 나는 과정에서뿐만이 아니라 이익이 나는 과정에서도 마찬가지다(이 때문에 결과가 좋지 않은 경우가 더 많다). 매번 고민에 빠지는 상황에서 벗어나기가 쉽지 않은 것이다.

또한 투자의 결과가 좋을 때는 자신의 노력과 능력 덕분이라고 생각하고, 투자의 결과가 좋지 않을 때는 그 결과의 책임을 회피하려는 심리도 있다. 자신의 매매 과정을 부인하거나 다른 사람들에게 책임을 떠넘기면서 손실의 괴로움을 다소나마 덜어내고자 하는 것이다. 심하면 타인이나 시장을 원망하면서 계좌의 손실을 방치하고, 그래서 손실을 더 키우기도 한다.

그런데 많은 투자자들이 투자 과정에서 부딪히는 이러한 심리적 상황에서 어떻게 효과적으로 행동해야 하는지 잘 모른다. 불안감과 당혹감으로 투자를 회피하거나 더 겁을 내는 경우가 생기기도 한다. 결국 주식시장에서 심리적 저항을 얼마나 잘 인식하고 극복하느냐의 문제는, 투자의 결과가 뒤바뀔 정도로 매우 중요한 포인트가 된다.

심리적 저항을 극복한다는 것은 정신적으로 매우 피곤하고 힘든 일이다. '저항'이라는 단어는 '익숙하게' 해오던 것과는 다르게 행동해야 하는 것을 의미하기 때문이다. 그러므로 성공적인 투자를 위해서는 심리적 저항을 극복하는 훈련도 해야 한다. 그렇지 않으면 투자를 꾸준히 유지하기가 쉽지 않다. 정신적으로 고통스러운 일을 훈련 없이 즐겁게 유지할 수 있는 경우는 거의 없다고 봐야 한다.

투자의 세계에서 모든 투자자가 같은 상황에서 똑같은 심리적 저항을 겪는 것은 당연히 아니다. 심리적 저항은 투자자들의 상황 및 성향에 따라서 강하게 작용하는 부분과 약하게 작용하는 부분이 모두 다르다. 자금의 규모와 상관없이 10% 손실이 발생해도 크게 걱정하지 않는 덤덤한 투자자가 있는 반면, 조금만 마이너스가 나도 가슴이 뛰어 견디지 못하겠다는 사람도 있다. 그러므로 자신의 성향이 어떠한지 먼저 파악해서 투자에 도움이 되는 방향으로 자신의 심리를 잘 조절하는 것이 중요하다.

투자자가 맞닥뜨리는
심리적 저항감

투자자들이 겪게 되는 대표적인 심리적 저항감과 이를 극복하는 법에 대해 더 구체적으로 짚어보자. 주식투자를 시작하고 가장 먼저 투자자를 당혹스럽게 하는 건, 투자를 하면 내 계좌에는 오롯이 이익이 찍힐 거라고 생각했지만, 실전에서는 오히려 너무도 쉽게 손실이 발생한다는 사실이다. 투자 손실은 일시적이건, 장기적이건 누구도 완전히 피할 수 없다. 모든 매매에서 100% 성공할 수 있는 사람은 절대 없다. 중요한 것은 손실을 줄이고 이익을 극대화하는 것이다.

손실이 발생하면 일단 누구나 괴로운 생각이 들기 마련이다. 그렇다고 이에 굴복해서 계좌를 방치하고, 더 큰 괴로움을 만들어서는 안 된다. 투자자는 손실의 발생을 '투자에서 일어날 수 있는 자연스러운 과정'으로 받아들여야 하고, 이를 통해 자신의 투자 방법을 개선하는 발판으로 활용해야 한다. 결국 투자의 성패는 손실을 어떻게 다루느냐에 달려 있다.

일반적인 투자 과정에서 '짧은 손절매로 인한 (확정된) 작은 손실은 장기간 투자를 위한 보험이라고 생각하고 의연히 대처하는 것'과 '손실은 무조건 무시하고 견디겠다고 하는 것'은 확실하게 구분해야 한다. 견딘다고 올라가는 것은 분명 아니다. 손실을 키우면 정작 다음번 좋은 기회가 왔을 때 적절한 대처가 어려워진다. 또 손실을 계속 모르는 척했다가는 정작 아무것도 안 남게 될 수도 있다. 내 주식이 언젠가는 반드시 오른다고 누가 장담할 수 있겠는가?

'작위와 부작위에 의한 손실'도 매우 중요한 심리적 문제다. '작위에 의한 손실'은 매매를 스스로 종결(매도)한 상태에서 계좌를 평가하는 '실제 발생한 손실'을 말하는 것이고, '부작위에 의한 손실'은 매매를 종결하지 않고 평가하는 '계좌상의 평가 손실'을 말한다.

투자를 마무리 짓지 않는 한 '계좌상의 평가 손실'은 손실이 아니라는 생각으로 투자에 임하는 이들도 있는데, 이는 나중에 큰 문제가 될 수 있다. 투자자가 분명히 인식해야 하는 것은 투자의 완결 여부와 상관없이 계좌에 발생한 현재의 투자 손실 역시 손실이라는 점이다. 매도하지 않아서 손실이 아니라고 생각한다? 이건 투자자만의 생각이다. 투자자는 계좌를 평가할 때 오늘 당장 출금한다고 생각하고 금액을 봐야 한다.

앵커링을
경계하라

'앵커링Anchoring'은 배가 항구에 닻을 내려 정박하듯이 한 가지 현상에 꽂혀서 고정되는 심리적 현상을 말한다. 투자 과정에서도 이 앵커링 현상은 다양하게 나타난다.

첫째, '매수 가격'에 대한 앵커링이다. 투자자가 매수한 가격이 이후 모든 행동의 기준점으로 작용하는 것을 말한다. 예를 들어, 9000원에 주식을 사면 투자자는 해당 주식의 가격 변동을 객관적으로 보지 못하고 9000원을 기준으로 주가의 흐름을 바라보는 편향에 빠진다. 매수하기 전에는 있는 그대로의 시장을 바라보면서 투자 판단을 했는데도, 일단 주식을 매수하고 나면 매수한 가격에 생각이 고정되는 것이다. 그러다 보니 가격이 하락해도 손절을 냉정하게 결정하는 것이 아니라 자신의 매수가만 바라본다. 손실이 아쉬워 손절을 못 하고 비자발적인 장기투자를 하게 되는 것이다.

둘째, '수익'에 대한 앵커링도 있다. 주식을 매수한 후 주가가 상승하면 투자자는 달콤한 꿈을 꾸게 된다. 주가가 계속 오를 것이라는 생각 때문에 주가의 움직임을 냉정하게 판단하지 못하게 되는 것이다. 그러면 중요한 하락 신호를 무시하거나 놓칠 수 있다. 주식은 계속 상승만 하는 것이 아니라 당연히 하락도 한다. 투자자는 때론 냉정히 이익을 챙기고 빠져나와야 하는데, 이익이 앵커링으로 작용하면 스스로 눈이 멀어 매도 사인을 보지 못하는 것이다.

주식은 생각보다 더 오를 수도 있고, 목표 가격 바로 밑에서 빠질 수도 있다. 그러므로 항상 시장을 있는 그대로 바라보도록 노력해야 한다. 앵커링은 개인적인 감정이다. 시장과는 전혀 상관없다. 따라서 스스로 지우려 애써야 한다.

"당신이 할 일은 시장의 호흡에 당신을 맞추는 것이지 시장이 당신의 호흡에 맞추도록 하는 게 아니다."

_ 윌리엄 오닐, 『최고의 주식 최적의 타이밍』

'최근 강한 시세를 낸 종목의 움직임'에 앵커링되는 것 또한 경계해야 한다. 이는 시장에서 크게 오른 주식에 대한 관심이 고조되면서 생기는 현상이다. 강한 움직임 때문에 투자자들은 그 주식이 왜 움직였는지 관심을 갖게 되고, 그 이유 또한 시장에서 회자된다. 그러면 투자자들은 그 주식을 잘 아는 것처럼 느끼게 되어 그 주식이 하락할 때 매수하고, 다시 도약할 것이라는 기대 심리를 갖는다. 선취 투자자들이 이익을 실현하는 구간에서 오히려 매수에 나서는 것이다.

누구나 바로 전 사건에 영향을 받는다. 과거의 경험에 앵커링되어 주식을 있는 그대로 바라보지 못하는 투자자를 자주 접하게 된다. '얼마 전 특정 주식이 움직였는데 정작 나는 쳐다만 보고 그 대열에 참여하지 못해 돈을 벌지 못했다. 그래서 무척 아쉬웠다. 그런데 그 주식이 이제 조정을 받아서 가격이 싸졌기 때문에 그 주식을 사고 싶다. 특히 고점 대비 많이 하락했으니 이제 사서 그 주식이 과거의 영광을 재현할 때 수익을 챙기고 싶다'라고 생각하는 것이다.

과거는 과거일 뿐이다. 변화가 심한 주식시장에서 직전의 주도주가 곧바로 다시 주도주가 되기는 쉽지 않다. 과거에 올랐던 것은 당시 오를 만한 이유나 현상이 있었고, 그 주식이 지금 하락하는 것은 또 그럴 만한 이유가 있기 때문이다.

마지막으로, '과거 실패한 혹은 성공한 투자'에 앵커링되는 것에서도 벗어나야 한다. 주식투자를 하면서 후회를 한 적이 없는 투자자가 있을까? '그때 왜 그 주식을 사지 못했을까?', '왜 그때 바보같이 그 주식을 팔지 못했을까?'라는 생각으로 자신을 괴롭히는 투자자들이 꽤 많다. 하지만 후회는 항상 사건 뒤에 생기는 감정이다. 돌이킬 수 없는 일에 감정을 소모하는 일이다. 자신의 결정에 따른 결과가 안 좋더라도 당시에는 최선의 선택을 한 것으로 인정하고 받아들여야 한다. 결과를 놓고 앞선 결정을 판단하는 것은 심리적 낭비다. 후회의 감정은 빨리 없애는 것이 좋다.

반대로, 투자하는 종목마다 수익이 나서 자신도 모르게 어깨에 힘이 들어갈 때도 있다. 자신의 생각대로 주식시장이 움직이고, 투자한 종목마다 이익이 나고, 왠지 불안해 보여 빠져나오니 그 주식이 폭락하여 안도하고……. 이런 경험을 하다 보면 마치 자신이 주식 매매에 통달한 것 같은 착각에 빠질 수 있다. 그러나 투자자가 가장 경계해야 할 때가 바로 주식 매매가 잘될 때라는 역설을 인식해야 한다. 항상 겸손한 마음으로 시장을 두루 살피는 것을 게을리해서는 안 된다. 이런 말들을 하지 않는가? '몰빵으로 열 번 연거푸 성공하다가도 한 번 실패하면 투자 자금 다 날아간다'라고 말이다.

"가장 중요한 교훈은 좋은 트레이더나 투자자는 항상 두려워한다는 것이다. 이 말은 그들이 긴장을 풀고 모든 것을 다 고려했다고

생각하는 순간이라도 새로운 요인이 나타나서 그들의 포지션을 위
협할 수 있다는 사실을 잘 알게 되었다는 뜻이다."

_ 마틴 프링, 『심리투자법칙』

물타기와
피라미딩

'물타기'와 '피라미딩'이라는 것이 있다. '물타기'는 주가가 내려
가면 주식을 (싸게) 추가로 사는 것이고, '피라미딩'은 주가가 올라
가는 것을 보면서 (비싸게) 따라 사는 것을 말한다. 물타기는 심리
적 편안함을 주기 때문에 많은 투자자가 일상적으로 하지만, 오히
려 해서는 안 되는 행위 중 하나다. 나는 물타기를 권유하는 투자
의 대가를 한 명도 보지 못했다.

오히려 피라미딩은 성공한 많은 투자자가 권하지만, 주식을 처
음 매수가보다 비싸게 산다는 거부감 때문에 투자자들이 쉽게 따
라 하지 않는다. 그러나 통상 물타기는 손실을 키우게 되고, 피라
미딩은 이익을 키우게 되는 경우가 많다.

투자자는 심리적 저항이 있더라도 이익을 키울 수 있는 피라미
딩 기법을 훈련할 필요가 있다. 피라미딩을 하면 평균 매입 단가가
올라가게 된다(그래서 초반에 싸게 살 수 있었음에도 사지 못한 자신을 심

리적으로 탓한다). 그래서 가격적·심리적 저항이 생기게 되지만, 이를 잘 극복해야 한다.

피라미딩은 투자자 자신의 올바른 판단을 확인하고, 해당 기업의 주식을 추가로 사는 것이다. 물론 운 좋게 바닥에서 한 번에 샀으면 30% 이익이 날 수도 있었겠지만, 오르는 주가가 나의 관점을 확인시켜주고 있기 때문에 추가로 사는 것이 맞다. 이로 인해 평균 매입 단가가 올라서 10% 수익이 되더라도 수익이 난 것을 중요하게 생각해야 한다. 물론 처음부터 피라미딩을 하기는 쉽지 않으니 모의 매매로 연습하면서 '피라미딩이 이런 것이구나' 경험해보고 실전 투자에서 적용하면 더 좋을 것이다.

물타기와 분할 매수

물타기와 분할 매수는 외견상 비슷하거나 동일하게 보인다. 둘 다 추가로 주식을 매수하는 시점이 같거나 비슷하기 때문이다. 하지만 둘은 엄연히 다르다.

물타기	주식 매수 이후에 결정	투자자의 처음 생각과 달리 주가가 하락했을 때 주식을 추가로 사는 것
분할 매수	주식 매수 이전에 결정	'첫 매수 후에 어떠한 경우라도 더 살 것'이라고 투자자가 사전에 계획하고 추가로 사는 것

이는 자금의 집행 및 관리의 문제와 연관된다. 물타기는 매수 후 상황에 따라 계획과 다르게 추가로 자금을 투입하게 되지만, 분할 매수는 처음부터 자금의 집행 계획을 세워서 주식을 나눠 사는 행위이다. 그래서 분할 매수를 할 때는 꼭 싸게만 사는 것이 아니고, 때론 비싸게 살 수도 있다. '적립식 투자'를 하는 투자자들도 있는데, 이 역시 분할 매수라고 할 수 있다. 주식을 추가로 사는 건 '물타기'와 같지만, 사전에 주식을 계속 사겠다고 결정한 것이기 때문이다.

기회를 놓치는 것에 대한 두려움

투자자가 주식시장에서 고통을 느낄 때 중 하나가 상승하는 종목에 동승하지 못했을 때다. 차트가 우상향하면서 오르는 것이 보이지만, 주가가 이미 바닥에서 오른 상태라 선뜻 매수하지 못했는데 야속하게도 계속 상승세를 나타내면 상대적 박탈감이 커지는 것이다.

보유하지 않은 주식의 상승은 자신의 자산에 아무런 영향을 미치지 않았음에도, 누군가가 그 주식을 소유해서 이익을 보고 있을 거라는 생각에 자신은 마치 손해를 보는 듯한 생각이 드는 것이다.

흡사 사촌이 땅을 사서 배가 아픈 심경이다. 사실 매수한 종목이 하락하면 금전적 손실을 보고 있으므로 그게 더 괴로워야 하는데, 일부 투자자는 내 손에 들어오지 못하는 떡을 더 크게 보고, 그 상실감을 현재의 금전적 손실감보다 더 크게 느끼기도 한다.

그러다가 주가가 하루 이틀 조정받으면 매수하지 않아서 다행이라는 안도감이 들면서 '이제 하락하겠지' 하는 마음으로 주식을 바라본다. 그러다 어느 순간 상승세로 돌아서서 계속 저점을 높여가면 그 주식을 쳐다보기가 더 괴로워진다. 이는 많은 투자자가 끊임없이 반복하는 고민이다. 언젠가 자신이 변해서 이 고리를 끊을 수 있을 것 같은가?

고리를 끊는 방법은 두 가지뿐이다. 하나는 그 주식을 쳐다보지 않는 것이다. 나와 상관없는 주식으로 간주하고 2000개가 넘는 주식 중에 내가 투자할 다른 종목을 찾아서 투자에 나서면 된다. 주식시장에서 수익을 낼 수 있는 종목과 기회는 얼마든지 있다.

다른 하나는 과감히 매수에 동참하는 것이다. 이때는 반드시 손절매를 각오하고 들어가야 한다. 그래서 쉽지 않다. 손절매를 해야 할 수도 있다는 것은 굉장히 두려운 일이기 때문이다. 주식은 한번 추세를 형성하면 그 추세가 쉽게 꺾이지 않는 경우가 많다. 그러나 무한정 상승하는 주식은 없다. 언젠가는 분명히 꺾이게 된다. 이런 부담과 추가 상승에 대한 기대감이 교차하는 것이 주식투자다.

이런 고민을 반복하지 않는 유일한 방법은 분명한 계획을 잡고 투자에 임하는 것뿐이다. 주식투자의 변동성에 항상 대비하고 있어야 한다.

"다른 사람이 얻은 이익을 자신의 손실로 여기는 태도는 주식투자에 생산적인 태도가 아니다. 사실은 화만 돋울 뿐이다. 주식들을 더 많이 알게 될수록 당신은 대박 종목을 놓쳤다고 생각하게 되고 머지않아 수억 조 달러를 손해봤다고 자신을 책망하게 된다."

_ 피터 린치, 『월가의 영웅』

투자를 위한 '네 개의 기둥'을
굳건히 하자

주식투자를 잘하기 위해서는 앞서 살펴본 공부와 훈련 과정을 잘 익혀서 토대를 굳건히 쌓아야 한다.

정리해보자면, 주식투자의 기초에는 '4개의 기둥'이 존재하는데 이는 다음과 같다.

1. 기본적 분석

2. 기술적 분석

3. 자금 관리

4. 심리 관리

이 네 가지 기둥을 튼튼히 세워서 토대를 굳건히 해야 무너지지 않는 자신만의 단단한 주식투자 방법론을 세울 수 있다. 이 중 어느 하나라도 부실해지면 올바른 투자를 지속하기 어려울 수 있다는 점을 명심해야 한다.

많은 투자자가 기본적 분석 및 기술적 분석은 그래도 나름대로 열심히 하는데, '자금 관리'와 '심리 관리'가 그 못지않게 중요하다는 것은 간과한다. 앞서 심리 관리와 관련된 부분은 충분히 이야기를 했으니, 마지막으로 '자금 관리'에 대해서는 중요한 포인트부터 먼저 짚어보도록 하자.

또 하나의 기둥,
자금 관리

보통의 투자자는 계좌의 수익을 창출하는 데에만 신경을 쓰는 경향이 있는데, 더욱 중요한 것은 자신의 소중한 자산인 계좌를 잘 관리하는 것이다. 단도직입적으로 말해서 계좌 관리는 투자자의 '목숨 관리'와도 같다. 자금에서 큰 손실을 입게 되면 투자자는 여러 가지 곤혹스러운 상황에 처하게 된다. 돈을 잃는다는 것은 물론 그 자체로도 치명적이지만, '자신감'을 동시에 잃게 된다는 점에서도 뼈아프다. 자금 관리도 안 되는 투자자가 자신감마저 잃었는데 주식시장에서 어떻게 적절하게 대응해 살아남을 수 있겠는가.

일부 투자자는 빠른 원금 회복을 위해 레버리지(빚)을 생각하기도 하는데, 대부분은 더욱 치명적인 결과를 맞는다. 마음이 조급해진 투자자들은 이러한 점을 무시하지만, 계좌에 문제가 생기기 전에 적절하게 관리하는 법을 알아야 한다. 이에 대해서는 다음 단계(파트 4)의 '손실 한도를 정하는 법'에 대한 내용(본격적인 투자 실행과 관련되는 부분이기 때문에 구체적인 방법은 그때 다시 살펴보는 것이 좋겠다)에서 더 다루도록 하겠다.

트레이딩을 하다 보면 시장 경기가 좋지 않을 때가 반드시 있기 마련이다. 자금 관리란 이러한 시기에도 꾸준한 트레이딩에 임할 수 있도록 시장 리스크의 크기를 관리하는 것을 의미한다. 자금 관리는 수익 가능성은 최대한 높이는 한편 파산 확률이 수용 가능한 상태를 넘지 않도록 하기 위한 과학적 접근이라고 할 수 있다.

_ 커티스 페이스, 『터틀의 방식』

공부와 훈련에
끝이란 건 없다

지금까지 투자자가 기본적으로 배우고 익혀야 하는 것들에 대해 이야기했다. 사실 공부와 훈련에 끝이란 건 없는 법이다. 변화하는 다양한 현실을 반영하고, 최근의 상황에 맞는 보다 전문적인 투자법을 계속해서 익혀나가야 한다.

주식시장에서도 시대마다 여러 투자자들이 선호하는 일종의 유행이 있었다. 가치 판단의 기준이 PBR → PER → PEG 등으로 변화해온 것만 봐도 알 수 있다. 물론 유행을 매번 따라 할 필요는 없지만, 그 흐름을 이해하는 것은 분명 투자에 도움이 된다. 시대의 흐름을 반영한 투자법을 익히는 것이 그렇지 않은 경우보다 수익률에 더 도움이 될 것이다.

경제학계에 큰 족적을 남긴 존 메이너드 케인스^{John Maynard Keynes} 교수가 "주식투자는 미인대회"라는 말을 한 적이 있다. 주식투자를 할 때는 독불장군 스타일로 자신이 예뻐 보이는 종목에 투자하는 것이 능사가 아니라, 사람들이 보편적으로 예뻐할 만한 주식에 투자해야 수익을 거둘 수 있다는 의미다. 현재 시점에서 공통적인 아름다움의 기준에 들어오는 종목에 투자해야 한다는 말이다. 다른 사람도 그 종목이 예뻐 보여야 매수할 것이기 때문이다. 알다시피 미의 기준은 영원하지 않고 시대와 상황에 따라 달라지는 법이다.

투자 종목에 대해 변화하는 컨센서스를 이해하는 것도 주가 상승을 이해하는 하나의 관점이다. 물론 '기업의 가치보다 주가가 쌀 때 사서 비쌀 때 판다'는 대전제는 변함이 없겠지만, 주가가 다소 비싸더라도 미래 성장성이 크다면 과감히 투자하는 법도 배워두어야 한다.

우리는 급변하는 세상에서 살고 있다. 최근 기업들의 성장 방식은 과거 기업의 성장 방식과 많이 다르다. 이에 따라 기업의 가치도 과거처럼 점진적으로 증가하는 것이 아니라 모멘텀이 왔을 때 갑자기 기하급수적으로 증가하는 모습을 보이기도 한다. 변화하는 기업에 적응해서 수익을 내는 발 빠른 투자자들이 시장에는 있고, 다행스럽게도 세상에 그 방식을 전파하고 있다. 그러니 우리는 이렇게 변화하는 기업에 투자하는 새로운 투자법을 익히는 데 늘 열려 있어야 한다.

또한 주가에 영향을 주는 금리 및 환율 등 경제 상황과 흐름을 읽는 눈도 키워야 한다. 경제의 큰 흐름을 올바로 읽을 수 있어야 투자에 장애가 없다. 따라서 주식투자에 대해서만이 아니라 금리와 환율 등에 대한 자신의 시각을 갖는 것이 필요하다. 시대의 흐름을 타자. 전통적인 방법만을 고집할 것이 아니라 변화에 능동적으로 대처하도록 하자.

'10루타(10배 수익)'는
행운일까, 실력일까?

피터 린치는 투자수익이 10배가 되는 것을 야구 용어인 '10루타'에 비유했다. 투자자들 사이에서는 이른바 대박을 상징하는 용어로 쓰인다.

보톡스 제조사인 '메디톡스'라는 기업이 있다. 2012년 초 2만 5000원이었던 메디톡스의 주가가 2016년 초에 40만 원대를 기록했다(2020년 9월, 현재 주가는 23만 6000원대다). 모든 투자자가 바라는 '10루타'의 모습을 4년 만에 보여준 것이다.

당시 메디톡스의 가격이 어떻게 변동했는지 짚어보자.

메디톡스 주가 변동 추이

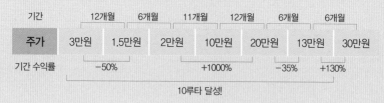

기간	12개월	6개월	11개월	12개월	6개월	6개월
주가	3만원 1.5만원	2만원	10만원	20만원	13만원	30만원
기간 수익률	−50%		+1000%		−35%	+130%

10루타 달성!

만약 시간을 과거로 되돌린다면, 당신은 과연 이와 같은 변동성을 버틸 수 있을까? 당시 내 주변에서 20여 명의 투자자가 메디톡스를 2~3만 원에 샀지만, 단 2명만이 20만 원까지 버텼고, 40만 원이었을 때는 단 1명의 투자자만 남아 있었다.

주가는 항상 지나고 나면 선명하게 보이지만, 매일 주식시장을 접하면서 10루타를 달성한다는 것은 생각처럼 쉽지 않은 일이다. 10루타는 상한가 7~8번으로 갈 수도 있지만, 10년이 걸릴 수도 있고 2~3년이 걸릴 수도 있다. 꾸준히 오르는 패턴이 있는가 하면 변동성이 확대되면서 투자자를 공포에 몰아넣었다가 다시 오르는 경우도 있다.

10루타를 이루기 위해서는 주가의 높은 변동성을 이겨내는 상당히 어려운 과정을 겪어야 한다. 그러려면 기업에 대한 철저한 분석을 바탕으로 기업 가치와 성장성을 투자자 자신이 강하게 확신해야 한다. 물론 그렇게 한다고 모두가 10루타를 이뤄낼 수 있는 것은 아니다. 10루타를 이룬다고 해도 생각처럼 대박을 내기는 더더욱 쉽지 않다. 앞서 메디톡스를 보유했던 투자자도 자신이 가진 투자 자금 중 일부를 투자한 것이었다. 자금이 크게 불어난 것은 맞지만 이른바 로또 수준은 아니었던 셈이다.

간혹 전 재산을 걸어 대박이 난 투자자들의 이야기가 들려오기도 한다. 그중 일부는 자신만의 투자법을 실행하며 부자가 된 사람도 있지만, 자금을 지키지 못해 결국은 손실을 보고 시장을 떠난 사람도 많다. 이렇게 차이가 나는 이유는 뭘까?

실력으로 10루타를 만들지 못하고 행운으로 10루타를 만들면, 이후 계속 행운을 쫓게 되어 자금을 지키지 못하고 만다. 미국 증시 격언에 '100% 수익을 거두려 하다간 아무것도 얻지 못한다(Nothing is gained by trying to gain a hundred percent profit in the stock market)'라는 말이 있다. 너무 욕심을 부리며 행운만 바라지 말라는 얘기다.

2020년 주식투자에 대한 관심이 뜨겁다. 코로나19로 폭락한 주식이 다시 크게 상승하는 시기에 주식시장에 새로 들어온 사람들이 많은 것이다. 크게 오르는 주식을 보면서 주식시장을 황금 알을 낳는 거위처럼 보기도 하면서 말이다.

강세장에서의 수익이 결코 나쁜 것은 아니다. 하지만 이를 자신의 실력이라고 혼동해서는 안 된다. 주식투자에서 행운이 연속되는 경우는 거의 없다. 투자자가 한 번의 수익에 만족한다면 상관이 없다. 그러나 주식투자를 통해 장기간 이익을 내고자 한다면 행운에 의한 수익은 분명 경계해야 한다. 투자에서 행운과 실력이 각각 어떠한 역할을 했는지 구분하는 것이 중요하다. 만일 내가 정한 원칙을 준수하지 않았는데 수익이 발생했다면, 이는 당연히 실력이 아니라 행운이 작용한 것으로 생각해야 한다.

또한 투자자는 행운에 길들어서도 안 된다. 그러면 공부할 동기를 잃기 쉽기 때문이다. 주식시장은 쉽게 무임승차가 가능한 곳이기도 하지만, 한순간에 모든 것을 앗아가기도 하는 곳이라는 것을 기억하자. 물론 그렇다고 행운을 거부할 필요까지는 없다. 강세장에서는 파티를 같이 즐기되, 중요한 것은 자신의 원칙을 잃지 않는 일이다. 때로 그것이 멍청해 보이고 상대적 수익률이 저조해 보이는 일이라 해도, 소리 없이 오는 변동성 장세에서 자신을 지키는 유일한 방법은 결국 자신만의 방법과 원칙을 지키는 것이라는 사실을 잊지 말자.

Part 4

터틀 트레이딩 4단계:
나만의 투자 방식 실행하기

TURTLE TRADING

주식투자는 결코
'게으른 사람'의
게임이 아니다

자신의 투자 상황에 맞는 '종목 POOL'을 구성하라

자, 이제 본격적인 실행의 시간이다. 당신이 어떠한 종목에 투자할 것인지는 자유다. 그러나 모든 종목에 투자를 할 수는 없다. 주식시장에는 2000개가 훨씬 넘는 종목이 있는데, 어찌 이들을 다 알고 투자할 수 있겠는가.

현실적으로 주식시장에서 거래되고 있는 모든 종목을 투자 대상으로 삼는 것은 불가능한 일이다. 따라서 우리는 각자 자신이 투자할 수 있는 종목을 미리 한정해놓는 과정을 거치는 것이 필요하다.

투자 대상을 거르는
'배제의 법칙'

모든 종목에 투자하고 싶어도 그렇게 할 수 없다는 한계를 인식하는 것이 주식투자에서는 좋은 출발점이 된다. 투자자는 먼저 수많은 종목 중에서 자신의 지식과 실력으로 투자할 수 있는 종목과 투자할 수 없는 종목을 구분해야 한다.

여기서 필요한 것이 바로 '배제의 법칙'이다. 어떤 업종과 종목에 투자해야 할 것인가를 정하기 어려울 때는, 자신이 어떤 업종과 종목에 투자할 수 없는지를 정하면 좀 더 수월하게 시작할 수 있다.

예를 들어, 나는 게임주와 엔터주는 매매하지 않는다. 그쪽에 도통 관심이 없어서 리포트를 읽어도 산업과 종목의 흐름을 제대로 이해하지 못하기 때문이다. 하지만 게임에 대한 관심이 높은 사람이라면 게임주를, 유행하는 노래에 해박하다면 엔터주를 적극적으로 투자 대상에 올려놓는 것이 좋을 것이다.

"종목 선택에 있어 우리가 강조하는 점은 주로 조건에 부합되지 않는 것을 제외시키는 방법이다. 따라서 한편으로는 질적으로 눈에 띄게 형편없는 모든 종목을 투자 대상에서 제외시키는 것이며, 다른 한편으로는 최고급 종목이라도 가격이 상승하여 상당한 투기성 위험을 수반할 정도로 높을 경우 투자대상에서 제외하는 것이다."

_ 벤저민 그레이엄, 『현명한 투자자』

신중하게 선별한 자신의 종목이 아닌, 배제된 종목에 대해서는 주위에서 아무리 '고급 정보'라고 유혹해도 매매하지 않겠다는 굳은 결심이 필요하다. 그래야 순간적인 감정으로 주식을 덥석 사서 그간의 노력을 물거품으로 만드는 우를 범하지 않을 수 있다. 만일 주위의 이야기를 들은 후 어떤 종목에 대해 분석 과정을 거쳤는데, 그 종목이 자신의 기준 안에 들어오면 그때는 투자 종목에 포함할 수는 있다. 하지만 기준 안에 들어오지 않으면 투자 종목에 편입하지 말아야 한다.

그런데 일반 투자자들이 흔히 잘못하고 있는 행동 중 하나가 종목을 '먼저 매수'하고, '나중에 분석'하는 것이다. 특히, 투자한 종목이 상승하지 않고 하락세를 보이면 그제야 다급하게 분석을 한다('분석하는 척한다'라는 표현이 더 적합한 투자자들도 상당수 있다). 그런데 만약 분석을 통해 투자하면 안 되는 사유를 발견하게 된다면, 그 종목을 바로 매도할 수 있을까? 이런 투자자일수록 매매의 원칙이 없기 때문에 손절매는커녕 조그만 희망을 찾아 이곳저곳 기웃거리게 될 것이고, 아주 작은 빌미라도 찾아서 그것에 매달리려 들 것이다.

안타깝게도 이런 방식으로는 주식시장에서 성공을 바랄 수 없다. 이를 방지하기 위해 더더욱 자신의 '관심 종목'을 미리 구성해두는 것이 중요하다.

배제의 법칙이 있는 투자자는 분석을 통해 자신이 투자할 수 있는 종목들을 선별해놓았기 때문에 매수 후에 분석하거나 이른바 '잡주'를 덥석 사는 오류에 빠지지 않을 수 있다. 자신이 분석하지 않은 종목은 절대 매수하지 않겠다는 배제의 법칙은 주식시장에서 나를 지키는 중요한 원칙이며, 모르는 분야에 대한 확신 없는 투자로부터 나를 보호해주는 방어책이다.

투자할 종목을
어떻게 고를까?

투자자 자신이 잘 알거나 좋아하는 분야와 관련 기업부터 시작해보자. 주식을 산다는 것은 기업의 지분을 취득하는 행위다. 따라서 투자를 하기 위해서는 그 기업의 내용을 잘 이해하고, 현재 기업의 상황으로 볼 때 투자가 가능한지 정확히 파악하는 것이 중요하다.

가장 먼저 살펴볼 종목군은 자신의 일과 관련이 있는 분야다. 지금까지 기억에 남는 한 투자자는 본인이 다니던 회사가 퇴직금 중도 정산을 하자, 그 전부를 회사 주식에 투자해 몇 년 만에 큰 수익을 얻었다. 자신이 다니는 회사의 경영 상황을 볼 때 주식이 저평가되어 있다고 판단했고, 업계와 회사의 성장성을 확신했기 때문에 퇴직금 전부를 투자한 것이다.

또 다른 투자자는 인테리어업에 종사하면서 자신의 거래처 중한 곳이 사옥을 확장하고 개발 인력을 대거 확충하는 것을 보고, 그 회사의 성장성에 주목해 투자했고 역시 큰 이익을 거뒀다. 회사나 업계의 변화를 감지하고 이를 믿고 장기투자한 결과다. 누구나 자신의 일과 관련된 분야에서 유리한 매매가 가능하다는 것을 보여주는 좋은 사례들인 셈이다.

그다음으로, 취미나 관심 분야 안에서 투자 포인트를 잡는 것도 좋다. 관심이 가면 애정이 생기고, 그러면 그 분야에 대해 더 잘 알게 되는 것은 자연스러운 현상이다.

나는 눈이 좋지 않은데, 모니터와 책을 오래 보다 보니 안과도 자주 다니고, 저녁이면 눈이 건조해져서 인공 눈물을 자주 넣는다. 그러다 보니 시력 검안기 생산업체의 중국 진출 소식과 인공 눈물 생산업체의 성장성이 달리 보였고, 실제로 투자에 나설 수 있었다. 평소 체험을 통해 그 가치를 알고 있었기 때문에 높은 성장 가능성을 파악할 수 있었던 것이다.

게임을 좋아하는 한 후배는 모바일 게임의 변화(PC게임에서 모바일게임 중심으로 변화, 청소년에 한정되었던 게임이 노년층까지 확대)에 주목해 게임주 투자로 짭짤한 수익을 거두었다.

평소 자전거 운동을 좋아하던 지인은 MB정부 시절 자전거 활성화 정책으로 전국에 자전거 길이 생기고 동호회가 늘어나는 것을 보고 관련주 투자로 수익을 거두던 중 중국 진출 뉴스에 주식시장이 더욱 흥분하자 오히려 매도로 대응했다. 중국 출장에서 자주 본 스모그 상황을 염두에 두고, 중국에서는 자전거 운동이 국내에서처럼 스포츠로 활성화되기 어렵다고 판단한 것이다. 그 판단은 후에 옳은 것으로 판명됐다.

이 같은 다양한 사례는 모두 자신이 관심을 갖고 있는 분야에서 일어나는 일들을 주의 깊게 관찰하고 투자와 연결했기 때문에 가능했던 일이다.

특정 제품이 잘 팔리는 것을 보거든 그 기업에 투자하라는 말도 한 번씩은 들어봤을 것이다. 실제 이를 실천해서 큰돈을 번 할머니들의 이야기가 기사화된 적이 있다. 미국 일리노이주의 비어즈타운이라는 작은 마을에서 살고 있는 16명의 할머니들(비어즈타운 전문 여성투자클럽, 일명 할머니 투자클럽) 이야기다. 이 할머니들의 투자클럽은 무려 6년 연속 미국 전국투자법인협회에서 최우수 올스타 투자클럽으로 선정되었다고 한다. 할머니들의 투자 비결은 매우 단순했는데, 자신들의 강점인 '남아도는 시간'을 이용하여 종일 월마트 앞에 앉아서 잘 팔리는 제품을 보고 그 회사의 주식을 사는 것이었다고 한다. 생활 속 투자의 대표적인 사례라고 할 수 있다.

피터 린치의 종목 발굴법

유명한 『월가의 영웅』에는 피터 린치가 일상에서 종목을 발굴하여 큰 수익을 거두는 장면들이 나온다.

• 스타킹: 피터 린치의 젊은 시절 여성용 스타킹은 신문물이었다. 하지만 남자인 피터 린치는 스타킹에 대해서 잘 알 수 없었다. 그러던 어느날 아내와 같이 시장을 방문했을 때 아내가 스타킹을 고르는 데 신중을 기하는 모습을 보게 되었고, 이에 피터 린치는 아내에게 어떤 제품이 좋은지 자문을 구했다. 그런 후 관련 기업의 주식을 매수하여 큰 이익을 거두었다.

• 던킨 도너츠: 피터 린치는 출근길에 신생기업인 던킨 도너츠 가게 앞에 매일 아침 사람들이 길게 줄을 서 있는 것을 봤다. 자신도 줄을 서서 도너츠를 사 먹어보니 너무도 맛있었다. 그래서 던킨 도너츠 주식을 매수하여 또한 큰 수익을 거두었다.

어떤 종목을 택하든 결정은 스스로 해야 한다. 물론 주위의 여러 자료나 조언을 참고할 수는 있겠지만, 최종 투자 판단은 어디까지나 스스로 내려야 한다는 것을 명심하자.

"당신이 마음속에 항상 새겨둘 원칙을 찾아내면, 수천 개의 종목이 눈앞에 있다 해도 당신이 소화할 수 있는 투자 대상만 집중할 수 있다."

_ 랄프 웬저, 『작지만 강한 기업에 투자하라』

매매 대상이 될
'종목 POOL' 구성 방법

종목을 심사숙고해서 선정했다면, 앞으로도 이들을 계속 관찰해야 하기 때문에 HTS(또는 MTS)상에 '관심 종목' 카테고리를 만들어 주식의 변화를 꾸준히 관찰하도록 해야 한다.

그리고 관심 종목 중에서 '실제 매매 대상 후보'를 구분해 이들을 따로 '매매대상 종목 POOL' 카테고리에 최종적으로 집어넣자. 투자할 종목을 신중하게 선정해야 하는 것은 맞지만, 그렇다

HTS 화면 구성 팁(MTS도 동일)

많은 투자자가 자신이 투자하고 있는 종목만 관심 종목에 넣어두고 본다. 물론 투자 중인 종목을 수시로 살펴보는 것은 당연하다. 하지만 이와 더불어 시장의 전반적인 사항을 동시에 보는 것도 매우 중요하다. 그래야 현재 주식시장에서 내 관심 종목의 위치를 파악할 수 있게 된

다. 이를 위해 투자자는 HTS(MTS)의 다양한 기능을 활용하는 것이 필요하다.

HTS에는 화면을 구분하여 많은 관심 종목을 넣어둘 수 있는 기능이 있다. 자신의 관심 및 투자 종목 이외에 시가총액 상위종목, 업종 대표 종목, 현재 시장의 인기종목 등을 관심 종목에 넣어두고 보는 것이 좋다. 그러면 시장의 전반적인 움직임과 분위기를 파악하기가 수월하다. 현재 자신의 종목이 시장과 같이 움직이는지, 아니며 시장과 별개로 움직이는지도 파악할 수 있다.

코스피 2000여 개 종목

(자신의 일과 관련된 분야, 관심 분야, 주위 추천 종목, 재무적 우량 종목 등으로 선별)

관심 종목

자신의 분석으로 필터링

매매 대상 POOL

자신의 기준으로 매매

매매 종목

상시 필터링을 통해 보유 혹은 매도

관심 종목	종목 POOL
삼성전자 SK하이닉스 LG전자 LG화학 삼성SDI SK이노베이션 현대차 기아차 현대모비스 현대글로비스 한국조선해양 삼성중공업 대우조선해양 현대미포조선 KB금융 하나금융 우리금융 키움증권 삼성증권 . . .	SK하이닉스 삼성SDI 한국조선해양 KB금융 키움증권 네이버 카카오 엔씨소프트 삼성바이오 고영 . . .

고 종목 POOL 구성하는 데 너무 큰 부담을 가질 필요는 없다. 종목 POOL은 상황에 따라서 자유롭게 수정을 할 수 있으니 처음부

터 너무 많은 종목을 욕심내지 말고 두 번째, 세 번째 종목으로 범위와 수를 늘려가면 된다.

"나는 여러 기준을 통해 추려낸 투자 후보 명단을 언제나 의심을 갖고 꼼꼼히 분석한다. 그리고 조금이라도 이해할 수 없는 부분이 있거나 마음이 편하지 않은 점이 있다면 가차 없이 투자 불가 명단으로 옮긴다. (……) 나는 오랫동안 갖고 있어도 마음이 편안하고 보유하고 있는 동안 자산을 크게 늘려줄 수 있는 명품 주식들로 포트폴리오를 채우고 싶다."

_크리스토퍼 브라운, 『가치투자의 비밀』

톱다운(Top down)과 보텀업(Bottom up)

종목을 선정하는 방식은 크게 톱다운 방식과 보텀업 방식으로 나뉜다. 톱다운 방식은 위에서 아래로 내려오는 방식으로, 거시경제의 흐름 속에서 현재를 파악하고, 이에 맞는 업종을 분석하고 종목을 선정하는 방식을 말한다. 경기 순환주 등의 산업과 종목을 찾는 데 유용한 방식이다.

반대로 보텀업 방식은 아래에서 위로 올라가는 방식이다. 기업의 성장 스토리나 재무 데이터에 주목해 종목을 선정한 다음, 업종의 향방을 가늠하여 투자에 임하는 방식이다. 성장주나 상대적 '경제적 해자[垓字, Moat]'를 가진 개별 기업을 찾는 데 유용하다. 경제적 해자란 경쟁사로부터 기업을 보호해주는 높은 진입장벽과 확고한 구조적 경쟁 우위를 말한다.

어느 방식이 더 우월하다고 이야기하기는 어렵다. 그러므로 투자자는 어느 한 가지 방식을 고집하기보다는 두 가지 방식을 자유자재로 다룰 수 있는 능력을 키우는 것이 좋다. 즉, 경제에 대한 흐름과 종목을 보는 안목을 동시에 가져야 한다는 뜻이다.

매매를 위한 나만의 무기를
갈고닦아라

내가 터틀 교육을 진행할 때 교육생들이 가장 어렵게 느끼겠거니 생각했던 것은 '책 공부'였다. 정해진 기간에 각자 여러 권의 주식 관련 책을 읽으며 공부를 해야 했는데, 다들 본업도 있고 바빴기 때문에 따라오기 벅찰 수 있다고 생각해서였다.

그런데 아니었다. 의외로 대부분의 교육생이 가장 많은 고민을 하고 또 가장 많은 시간을 할애했던 것은, 다시 말해 교육생들을 가장 힘들게 했던 것은 '책을 읽는 것'이 아니라 '투자할 종목을 스스로 선정'하는 것이었다.

투자할 종목 선정의
어려움

투자 초기에는 일정 간격으로 집중적으로 3~5개의 종목을 스스로 골라봐야 한다. 그러나 스스로 종목을 선정해본 경험이 없는 교육생들 입장에서는 이것이 매우 곤혹스러운 작업일 수밖에 없다. 당연히 처음부터 쉽게 할 수 있는 일은 아니다. 쉽지 않지만 그래도 해야 한다.

처음 한두 종목은 그나마 조금 알고 있는 종목으로 채웠는데, 서너 개로 넘어가면서부터 스트레스로 다가오기 시작한다. 자신에게 한번 물어보자. 매주 한두 종목씩 매매 가능한 종목에 대해 스스로 공부해본 적이 있는가?

투자할 종목을 스스로 선정하는 것은 주식투자에 있어 기본 중의 기본이지만, 대부분의 투자자가 지금껏 이러한 일을 제대로 해보지 않았다. 이제야 처음 제대로 하려고 보니 여간 어려운 것이 아니다. 투자자가 겪어야 하는 산고의 고통이라고 할 수 있다(종목을 뽑으면서 그전까지 얼마나 편하게 투자를 해왔는지 알게 되는 계기가 될 것이다).

그동안 배우고 익힌 것을 한번 실제로 적용해보자. 이를테면, 윌리엄 오닐(『최고의 주식 최적의 타이밍』)을 통해 성장주의 주가 상승 포인트를 차트에서 찾는 법을 익혀 적용해보고, 조엘 그린블라트

(『주식시장을 이기는 작은 책』)를 통해 시장에서 소외된 저평가 가치주를 선정하는 방법을 적용해보는 것이다. 따라 하다 보면 어떤 것이 자신의 성향과 맞는지 파악할 수 있고, 더 나은 방법을 모색해나갈 수 있을 것이다.

중요한 건 투자자가 외부의 영향 없이 온전히 자신의 힘으로 한 종목, 한 종목 선정해야 한다는 것이다. 당연히 처음엔 어설프고 완벽하지 않다. 처음부터 너무 완벽을 기할 필요는 없다. 하다 보면 분명히 좋아지니 조급하게 굴 일도 아니다.

투자자는 자신의 종목 POOL에 편입한 종목에 대해서는 반드시 잘 이해하고 있어야 한다. 해당 기업의 내용을 속속들이 알아서 누구보다도 '전문가'가 된다는 자세로 접근해야 한다. 예를 들어 삼성전자를 종목 POOL에 집어넣으려면 삼성전자의 주요 영업구조와 매출, 3개년의 주요 재무제표 수치 정도는 알고 있어야 한다는 얘기다. 그리고 최근의 주가 동향, 여기에 더해 적정 가치와 현재 가치 사이의 괴리율도 알아야 한다(이에 대해 공부하는 방법은 앞 단계에서 짚었다. 충실히 단계를 밟고 있다면 충분히 종목 POOL을 구성해나갈 수 있을 것이다).

투자자가 제대로 이해하고 있는 종목 POOL은 주식투자의 전장에 나가는 투자자의 강력한 무기가 된다. 자신의 무기가 있어야 올바로 싸울 수 있다는 것은 누구나 아는 사실이다. 그러니 철저히 무장하는 데 힘을 쏟자.

자기화 과정을
반드시 거쳐라

관심 종목 POOL은 자신이 매매의 주체가 되겠다는 다짐이다. 다시 강조컨대, 종목 POOL 구성 시 자신이 선택한 종목을 잘 안다는 것은 종목의 통상적인 내용인 주주 구성과 영업 활동, 이에 따른 매출과 손익구조 등을 가능한 한 상세히 파악하고 있다는 것을 의미한다. 이렇게 종목에 대해 완전히 익히는 것을 '자기화 과정'이라고 한다. 이 과정을 거치지 못한 종목은 POOL에 넣지 않는다는 점을 분명한 원칙으로 삼아라.

중요한 점을 하나 더 덧붙인다. 투자자는 이렇게 구성된 종목 수를 '일정 규모로 한정'하는 것이 좋다. 혹자는 종목 POOL 내에서만 매매하게 되면 투자의 범위가 너무 줄어드는 것 아니냐, 투자의 시야가 좁아지는 것이 아니냐고 하지만 전혀 그렇지 않다. 오히려 종목 POOL을 구성하는 것은 주식시장에서 자신을 지키는 방책 중 하나라고 생각한다. 종목 POOL이 있기 때문에 매매할 종목을 선정하는 시간도 절약되고, 투자자가 이미 잘 아는 종목이기 때문에 매매 타이밍을 잡기도 훨씬 수월해질 수 있다(20~50개 내외의 종목으로 POOL을 구성하기를 권한다. 50개가 넘어가면 관리가 힘들어진다).

그렇다면 종목 POOL이 완성된 이후에, 새로운(더 좋은) 종목을 발견하게 되면 어떻게 해야 할까? 그때는 기존의 종목 POOL에 있던 것 중 하나를 빼야 한다. 즉, 스스로 정한 최대 종목 수를 늘리지 않는 것이 중요하다. 이때는 관심 종목 중에서 기업의 수익성이 가장 떨어지는 종목을 빼고, 새로운 종목을 편입하는 식으로 진행하면 된다.

투자자가 정한 종목 POOL의 수가 20개였다면 플러스, 마이너스해서 계속 20개를 일정하게 유지하는 것이 중요하다. 그러면 투자자의 종목 POOL 안에는 항상 투자하기 좋은 종목들만 모이게 되고, 투자의 매력도가 떨어지는 종목은 자연스럽게 탈락하게 된다.

"너무 많은 종목을 관찰하다 보면 시간에 쫓기게 되는데, 그렇게 되면 다른 유망주를 지속적으로 찾아내는 일을 할 수 없게 된다. 물론 다른 유망주를 찾아내기 전까지는 기존의 포트폴리오에 들어 있는 주식을 관찰하며 자금의 여유가 있는 한 계속 그 주식을 매수해야 한다. 그러나 조사도 완벽하고, 성장주라는 확신도 있는 데다 더 이상 기다리다가는 기회를 놓칠 것 같은 시기가 오면 기존의 포트폴리오에 들어 있는 주식과 비교해보고 더 나은 쪽을 보유하기로 결정내린다. 즉, 바꿔치기를 할 수 있어야 한다는 것이다."

_ 테리 본드, 『행운의 투자 클럽』

자신만의 종목 POOL이 없는 투자자는 주식시장에서 어떻게 매매를 하게 될까? 이때는 뚝심 있는 투자가 거의 불가능해진다. 종목 POOL이 없으면 매매를 하고자 할 때마다 대상 종목의 내용을 주식시장에서 빠르게 검색해야 하는데, 그러면 깊이 있게 분석할 시간적인 여유를 갖지 못한다.

자신만의 필터로 걸러서 선정해놓은 종목 POOL 없이 그때그때 종목을 찾아 투자하려고 하면 금방 길을 잃고 헤맬 수밖에 없다. 시장은 매번 급등하는 종목으로 투자자를 유혹할 것이고, 투자자는 쫓기듯 이를 매매하는 오류를 범하게 된다. 물고기를 쫓아서는 절대 잡을 수 없다는 교훈을 투자자는 새겨야 한다.

그렇다면 내 종목 POOL 안의 종목들은 움직임이 없는데, 시장의 다른 종목들이 움직이면서 증시가 활황인 경우에는 어떻게 해야 할까? 그때는 서두르지 말고 종목 POOL을 재정비하는 것이 좋다. 혹 시장에서 너무 소외된 주식들만 있다면 현재 시장에서 인기를 끌고 있는 주식을 공부해보는 것도 추천한다.

심리적으로 기울어진 운동장

한 기업에 대해서 주위에서 좋다고 이야기하면 그 기업이 더욱 좋아보이는 것이 인지상정이다. 특히 신뢰가 가는 사람이 특정 종목에 대해 이야기하면, 그 종목에 급격히 관심이 가게 된다. 이를 '메신저 효과'라고 부른다.

물론 좋아 보이는 것이 잘못된 것은 아니다. 모두의 심리가 그렇기 때문이다. 하지만 이 경우 좋은 점만을 찾으려고 하지 말고, 최대한 비판적으로 분석해야 한다. 즉, 심리적으로 좋다고 느끼는 '기울어진 운동장'을 바로잡아야 하는 것이다. 최대한 비판적으로 분석했는데도 결과가 좋게 나온다면 그때는 비로소 투자가 가능하다고 할 수 있다.

03

올바른 매매 계획을 세우고
실천하는 구체적인 방법

투자 실력을 키우는 지름길이 있다. 바로, 투자의 전 과정을 신중히 기록하는 것이다. 투자에서 매매의 전 과정을 기록하는 '매매일지' 작성은 올바른 투자를 하는 데 든든한 토대가 된다. '매매일지'란 단어를 처음 듣는 투자자들도 꽤 있을 것이다. 매매일지는 매매의 계획 단계부터 시작해서 매매를 수행한 결과와 평가까지 모든 과정을 빠짐없이 기록으로 남긴 것을 말한다.

매매일지를 쓰면 자신의 투자를 객관적으로 되돌아보게 되고, 투자에 대한 문제점을 냉정히 파악할 수 있게 된다. 자신의 단점을 보완한 투자 계획을 수립할 수 있도록 해주고, 자신만의 투자 기법을 찾는 데에도 도움을 준다. 충실한 가계부가 가정경제를 굳건하게 해주듯이, 충실하게 작성된 매매일지는 자신의 매매를 더욱 굳건하게 해준다.

매매일지를 안 쓰던 투자자라면 갑자기 투자할 때마다 매번 모든 내용을 일일이 기록하는 것이 상당히 귀찮은 일일 수 있다. 하지만 이를 참고 꾸준히 하다 보면, 자신만의 훌륭한 투자 노트를 완성할 수 있다. 자신만의 다양한 경험이 듬뿍 담긴 투자 노트는 매매가 흔들릴 때마다 투자자를 바로잡는 든든한 버팀목이 된다.

매매일지, 왜 중요한가

"경험에서 배우는 최선의 길은 기록을 잘하는 것이다. 기록하지 않으면 덧없이 흘러버릴 경험들이지만, 기록하면 확실히 기억으로 그리고 교훈으로 남는다. 시장 분석과 매수 또는 매도 결정을 데이터 뱅크에 차곡차곡 쌓고 이 기억들을 끌어내 다시 검토하고 활용하다 보면 나은 트레이더로 성장할 수 있다."

_ 알렉산더 엘더, 『언제 매도할 것인가』

"대부분 목표를 성취하기 위한 큰 그림을 보지 못한다. 하지만 내가 이룬 것, 생각들을 일지로 적어나가면 내면에서 어떤 변화가 일어나고 있는지 이해할 수 있다."

_ 반 K. 타프, 『슈퍼 트레이더』

터틀 교육을 진행할 때도 나는 매매일지 작성을 굉장히 중요하게 생각하면서 코칭했다. 매매일지는 자유롭게 기록하게 했는데 사실 교육생마다 편차가 컸다. 내가 볼 것을 너무 의식해서 작성하는 교육생이 있는가 하면, 너무 편하게만(내용이 충실하지 못한) 적는 교육생도 있었다.

사실 매매일지는 누군가에게 보여주기 위한 것이 아니라 자신을 위한 것이다. 거창한 보고서를 쓰는 게 아니라 자신의 생각과 평가를 담는 것이다. 그러므로 오랫동안 꾸준히 유지할 수 있는 자신만의 방법을 찾아가는 것이 중요하다.

기업의 내용에 대한 단순한 소개를 나열하는 것이 아니라 기업의 개요 중 어떤 점을 보고 투자하려 하는지, 자신의 주관적인 관점을 매매일지에 적는 것이 중요하다. 재무제표를 분석했다면 어떤 점을 투자 포인트로 보았는지가 중요하다. 물론 처음부터 이런 작업을 익숙하게 해내기는 어려울 것이다. 이 역시 연습을 통해 익히는 것이 필요하다.

매매일지를 성실하게 기록하면 언제든지 매매 후(시간이 많이 흐른 후에도) 본인의 매매를 종합적으로 바라볼 수 있게 된다. 잘된 매매든, 잘못된 매매든 그 과정을 살펴서 다음에 이를 강화하거나 수정하는 데 도움을 얻을 수 있을 것이다.

매매일지에는 다음의 다섯 가지 사항이 꼭 들어가야 한다.

1. 매매 대상 종목 선정 이유

2. 매매 계획(매수 및 매도 계획)

3. 매매 실행 내용

4. 매매 과정 리뷰

5. 실제 매매 시점이 표시된 차트

자, 이제 하나씩 짚어보자. 매매일지는 가장 먼저 '종목 선정 이유'부터 시작한다. 이는 투자자가 어떤 부분에 중점을 두고 해당 종목을 선정했고, 어떻게 매매를 해서 수익을 내려 하는지 스스로에게 밝히고 기록을 해두는 과정의 시작이다.

이때 종목을 선정한 이유와 종목의 내용에 대해서 매우 구체적이면서 주관적으로 기록하는 것이 중요하다. 일부 교육생은 인터넷 등에 나온 투자 지표 등을 그대로 쭉 적어놓는 경우가 있었는데, 객관적인 자료가 아닌 자신의 주관적인 시각에서 적어야 한다는 것을 명심하자.

선택한 종목을 기록하는 방법은 피터 린치의 '2분 스피치'를 참조해보자.

"주식을 매수하기 전에 나는 주식에 흥미를 느끼는 이유, 회사가 성공하려면 무엇이 필요한가, 앞길에 놓인 함정은 무엇인가에 대해 2분 동안 혼자 말하기를 좋아한다. 2분 독백은 소곤거려도 좋고, 근처에 있는 동료에게 들릴 정도로 크게 떠들어도 좋다. 일단 주식의 스토리를 가족, 친구, 어린아이도 이해할 정도로 쉽게 설명할 수 있다면, 당신은 상황을 적절하게 파악한 셈이다."

_ 피터 린치, 『월가의 영웅』

'왜 사야 하는지'가 중요하다. 이는 나중에 해당 주식의 '매도 사유'가 될 수 있기 때문이다. 즉, 시장에서 투자자가 정한 매수 이유가 바뀌거나 사라지게 되면, 주식을 팔아야 하는 이유가 되는 것이다. 만일 종목의 중요한 가치를 보고 매수를 한 이후에 그 가치가 없어졌다면 주가를 불문하고 주식을 팔아야 하며, 차트를 중심으로 매수를 했다면 차트가 생각과 다르게 움직일 때 필히 매도를 해야 하는 것이다.

매수 계획과 동시에 매도 계획도 세워라

매매일지에서 가장 중요하게 다루어야 할 부분이 무엇이라 생각하는가? 우리는 왜 이 귀찮은 매매일지를 꼭 기록해야 하는 걸까? 투자는 종목을 선정하는 것으로 끝나는 게 아니다. 투자를 실행에 옮기려면 구체적으로 '어떻게 사고 또 팔 것인가', 즉 매매 계획이 있어야 한다. 그러니까 매매일지는 결국 매매 계획을 정리하기 위한 과정인 셈이다.

그런데 매매 계획을 세울 때 투자자들이 많이 빠트리는 부분이 있다. 매매 계획은 '매수 계획'과 '매도 계획'을 다 포함하고 있어야 한다는 점이다.

자동차는 움직이는 것보다 잘 서야 큰 사고를 방지할 수 있는 것처럼, 매매에서도 사실 '매도'가 더 중요하다. 매도는 매매를 종결하는 행위이기 때문에 더 신경 써야 한다.

매도 계획을 구체적으로 세워본 투자자가 많지 않을 것이다. 그저 주식을 싸게 사서 비싸게 팔 생각만 했지, 구체적으로 언제 그리고 얼마에 팔지 계획하지는 않는 것이다. 이는 주가가 생각과 다르게 움직여 손실이 발생했을 때 어떻게 행동할지 계획을 세우지 않는다는 의미이기도 하다.

왜 매수 계획보다 매도 계획이 더 중요할까? 주식의 매수는 때에 따라서 실행을 연기하거나 하지 않아도 되지만, 매도는 매수 이후에 어떠한 경우라도 반드시 실행해야 하는 후속 조치다. 즉, 해당 주식을 팔아야만 수익인지 손해인지 알 수 있는데, 적절한 매도 타이밍을 잡지 못하면 이익이 오히려 손실로 변해 크나큰 손절매로 매매를 마무리해야 하는 경우도 생기게 된다.

따라서 최대한 다양한 경우에 대한 매도 계획을 세워두는 것이 중요하다. 투자자가 생각할 수 있는 다양한 시나리오를 작성하도록 노력하자. 특히 최악의 손실을 고려한 계획은 투자자를 지키는 중요한 요소가 된다.

또한 매수 및 매도 계획은 구체적 실행 방안으로 수립해야 한다. 두루뭉술한 계획은 실전에서 그 역할을 전혀 하지 못하기 때문이다. '이쯤에서 매수하고 이 정도 이익(손실)이 나면 매도하자'라는 계획이 아니라 '이 주식이 9100원이 되면 매수하고, 수익이 20% 나거나 이동평균의 데드크로스가 발생하면 매도한다'라는 식으로 명확하게 계획을 세워놓아야 한다. 계획이 구체적이지 않으면 실행 단계에서 또 고민할 수밖에 없고, 그러면 계획이 다 소용없게 되어버린다.

다시 이야기하지만 매도 계획이 없고, 또 있다 하더라도 그 계획이 매우 구체적이지 못하면 (평소에는 대충 넘어간다 하더라도) 시장 변동성이 확대될 때 즉각적인 대응을 하지 못하게 된다. 이는 작은 손실이 큰 손실로 연결될 수 있는 매우 심각한 상황을 초래할 수 있다. '더 오를 것 같은데 조금 더 기다렸다가 이익을 보고 팔까?' 이런 고민을 한다거나 '이미 떨어졌는데 설마 지금보다 더 떨어지겠어?' 이런 생각을 하고 있다가는 더 큰 손실을 보게 될 수 있다는 것을 명심하자.

계획을 세웠다면,
지켜라

"대부분의 트레이더들은 지식이 부족해서가 아니라 원칙을 지키지 못해서 실패한다. 그러나 우리는 그 중요한 진실을 불편하게 생각한다. 실제로는 원칙을 지키지 못하면서도 지킬 수 있다고 착각하는 것이다. 매매 원칙을 고수하지 못하면 이 책에 담긴 전략과 접근법은 아무 쓸모가 없다."

_ 앨런 S. 팔리,『실전 스윙 트레이딩 기법』

자, 매매 계획까지 세웠다면 이제 이를 바탕으로 매매를 구체적으로 실행하는 단계다. 여기서 중요한 점은 세운 계획을 무조건 지켜야 한다는 것이다. 그리고 주식을 매도하여 거래를 마무리 지었다면 그 내역을 가감 없이 기록으로 남겨야 한다. 이건 별로 어렵지 않다. 만약 실제 매매에서 변동이 생겼으면, 그 내용도 상세히 적으면 된다. 더불어 수수료 등 거래 비용도 기록해두자.

그다음은 매매의 전 과정이 끝난 후 작성하는 '매매 과정의 리뷰'인데, 이는 매매 과정에서 있었던 사항들과 더불어 그때 느꼈던 생각까지 모두 자세히 적어야 한다. 아주 솔직히 작성해야 한다. 설혹 매매 과정에서 부끄러운 실수가 있었더라도 숨기지 말고 기록으로 남기는 것이 중요하다. 그래야 자신의 매매에 대해 신중

계획의 실행

많은 투자자가 계획을 잘 지키지 못한다. 전설적인 프로 트레이더인 빅터 스페란데오 Victor Sperandeo는 그런 투자자에게 다음과 같은 투자 원칙을 세우길 주문한다.

1. 원칙을 세운다.
2. 원칙을 지킨다.
3. 2번을 반복한다.

이렇게 투자의 대가들도 원칙을 지키는 것이 결코 쉽지 않다는 것을 말해주고 있다. 계획은 실행해야 비로소 의미를 갖는다는 것을 잊지 말자.

히 반성하고, 다음 매매에서는 실수를 줄이며 점차 발전해갈 수 있다. 어차피 매매일지는 자기만 볼 것이기 때문에 창피하다고 생각할 필요가 없다.

매매일지의 마지막을 장식하는 건 매수 및 매도의 각 시점을 표시한 차트를 첨부하는 것이다. 차트를 첨부하는 이유는 매매를 시각적으로 그리고 종합적으로 보기 위해서다. 차트는 주가가 움직인 것을 한눈에 보여주기 때문에 차트를 중시하지 않는 투자자라도 매매일지에 첨부하기를 권한다. 이렇게 하면 시간이 흐른 후에 다시 보고자 할 때 일일이 찾아보지 않아도 된다.

매매일지는 주식 공부의 시작과 완성을 나타내는 중요한 기록이다. 자신의 처절한 공부의 흔적이자 매매 전 과정을 보여주는 한 권의 역사책과도 같다. 이제 당신만의 투자 기록, 투자의 역사책을 만들어보기 바란다.

매매일지로 보는
세 가지 실전 사례

교육생들이 실제로 작성한 매매일지 사례 세 가지를 소개해본다. 많은 투자자가 흔히 보이는 잘못된 매매 사례가 그대로 적혀 있어서 생생한 교육 자료가 된다. 이처럼 매매일지는 잘된 매매만 적는 것이 아니라 잘못된 매매도 냉정하게 적어야 한다.

아난티

이 교육생은 테마주에 편승해서 단기 매매를 하겠다고 매매 이유에서 밝혔음에도 불구하고(테마주 매매는 손절매를 할 수 있는 투자자만 해야 한다) 주가가 하락하자 원칙을 어기고 '나름의 이유를 대면서' 장기투자로 전환해 스스로 투자 손실을 키웠다.

아난티는 대표적인 남북경협주다. 당시 이 교육생은 3차 북미회담을 기다리고 있었다. 하지만 3차 북미회담이 성공적으로 마무리된다고 하더라도 경협을 하기 위해서는 넘어야 할 산(북미 관계 개선, 남북 관계 개선, 남북 간 군사적 긴장 완화, UN의 남북 협력 승인 등)이 많았다. 투자자는 이를 충분히 고려했

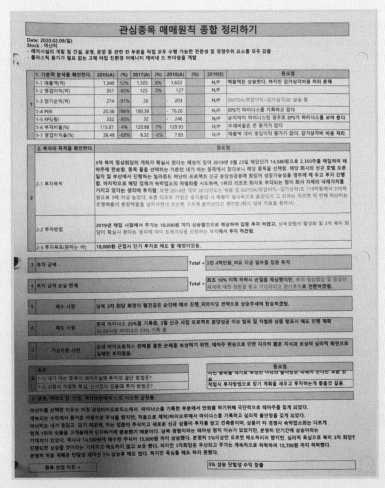

관심종목 매매원칙 종합 정리하기

Date: 2020.02.09(일)
Stock : 아난티
- 레저시설의 개발 및 건설, 운영, 분양 등 관련 전 부문을 직접 모두 수행 가능한 전문성 및 경쟁우위 요소 모두 갖춤
- 플라스틱 용기가 필요 없는 고체 타입 친환경 어메니티 캐비네 드 쁘아용을 개발

어야 했다. 남북 문제는 다양한 대내외적 영향을 받기에 예측이 전혀 불가능한 영역이라고 할 수 있다. 이러한 테마주를 매수해놓고 장기투자로 전환하는 것은 '희망사항에 베팅하는 것일 뿐 주가의 본질 가치에 투자하는 것은 아

니다'라는 점을 명확히 알아야 한다.

두 번째 오류는 단타 매매를 장기투자로 바꾸면서 경협에 대한 의미 없는 기대를 가졌다는 것이다. 테마주 매매는 해당 테마가 살아 있는 동안만 매매하고, 테마가 소멸되면 즉시 손절매를 해야 한다. 하지만 이를 실천하지 않고 '북미 회담이 잘되면, 모든 것이 잘 풀리고 주가가 올라갈 것'이라고 스스로 소설을 쓰고 장기투자를 합리화했을 뿐이다.

세 번째 오류는 자신이 잘 안다고 하는 것에 너무 큰 비중을 두었다는 점이다. 자신이 기업을 잘 아는 것과 그 기업의 주가 향방을 예측하는 것은 다르다. 일부 투자자는 자신이 잘 알고 있는 내용에 대해 다른 사람들도 언젠가는 반응할 것이라고 생각한다. 하지만 자신만이 똑똑한 것이 아니다. 시장은 냉정하다는 것을 알아야 한다.

네 번째 오류는 이전 매매의 손실을 만회하겠다고 평소에 하지 않던 단기 매매를 했다는 것이다. 주식시장은 자신의 손실을 쉽게 만회할 기회를 주는 '은혜로운 곳'이 절대 아니다.

다섯 번째 오류는 매매 원칙이 두서없이 이루어졌다는 점이다. 5% 오르면 이익을 실현하겠다고 마음먹고, 피라미딩을 하겠다고 했다. 또한 1만 4580원에 매수해서 1만 8000원에 매도한다는 계획을 세웠으나 결국 하락하는 주가를 보고 장기투자로 바뀌었다.

강스템바이오

결코 쉽지 않은 바이오주 투자다. 겉보기에는 화려하다. 하지만 임상과 그의 실현에 대한 정확한 인식 없이 섣부르게 투자해서는 매우 위험해질 수

3. 강스템바이오텍(2018.5.6)
1) 종목선정이유 :
세계에서 유일하게 제대혈에서 분리한 줄기세포를 상용화하는
현재 만성아토피 피부염(임상 3상), 루마티스관절염(임상)
(임상1/2a상), 판상형건선(임상1상), 퇴행성 골관절염(전임상)
현재 아토피 치료제 3상 결과 관찰 단계중이고 하반기 발표
결과가 나올 예정이어서 결과에 따라 추가 등락 예상

2) 매수 계획 : 21500-20300 사이
매도 계획 : 하반기 임상데이터 발표 정도
손절가 18000원 (근이나 임상 결과가 좋지 않을 경우)
3) 실제 매매 : 21000원(5/7일) 비중 10.98%
4) 리뷰 : 현재 코오롱 인보사와 삼성바이오직스 분식회계 (
으로 제약,바이오 업종이 좋지 않지만 동사는 아직 추세가

시총 4354 PER-28.92배 EPS-721 현재주가 20850원
매출 92. 부채비율 53.83(18년) 96.17(17년)
매출구성 GD11(화장품사업부). 비임상시험 41.55 줄기세포배
제대혈 줄기세포는 자가 면역기능을 높여 손상된 면역조절
으로써 단 한번의 투여로도 오랜 기간 치료효과가 지속된다
자회사로 화상 피부치료제 개발하는 DNK, 화장품 원료사
액으로 코스온과 공동연구개발 GD 11(화장품런칭 및 판매.

있다.

일단 바이오 회사가 다양한 임상을 최종 통과하기는 '하늘의 별 따기'에 비유된다. 그만큼 쉽지 않다는 뜻이다. 하지만 이 교육생은 이 회사가 많은 시도를 하고 있기 때문에 그중 하나는 건질 수 있다고 생각했다. 이는 개인투자자들의 전형적인 자기 합리화 오류다. 오히려 투자자는 이러한 사항을 매의 눈으로 관찰해서 비판적으로 봐야 하는데도 말이다.

한편 여러 실험을 동시에 하면 막대한 비용이 소요된다는 점을 고려하여

기업이 이러한 비용을 안정적으로 확보할 방안이 있는지도 살펴봐야 한다.

중요한 점 또 한 가지. 어려운 임상을 통과했다고 하더라도 판매 승인을 얻어야 하고, 실제로 원활한 판매가 이루어져야 하며, 판매 이후에도 기존 제품과 경쟁해야 한다. 이러한 점들도 매우 중요한데, 임상만 통과되면 대박이 날 것이라고 생각했다는 점에서 매우 위험한 투자라고 평가할 수 있다.

고영

올라가는 주식은 계속 올라갈 것이라는 믿음으로 분석하고, 이에 전적으로 반응하여 덥석 매수한 경우다. 올라가는 주식을 보고 매매를 결정하게 되면 상투를 잡는 오류를 범하게 된다.

일단 주식을 매수하고 주가가 생각과 다르게 움직이면, 투자자는 불안한 심리 상태에 빠지게 된다. 그러면 매도도 하락의 극단에서 하게 된다. 하락 시 다시 오를 것이라는 근거 없는 희망도 문제가 된다.

[차트]

[리뷰]

최악이다. 하지말아야할 것들을 전부 다했다.

매수-종목 분석(제대로 분석하지도 못했다. 맨 처음 조사한 종목이라는 핑계를 대본다..)
매수가를 생각해보지 않고 분석이 완료된 시점에 현재가로 매수하였다.

당시 2월 저점을 찍고 많이 올라와 있는 상황이었다. 매수 후에 한번도 수익구간 없이
그대로 계속 내려갔다. 이 때 제대로된 매도 계획이 없었다. 계속 매도 계획이 바뀌고
있는 상황이었다. 점점 쭉쭉 내려가면서 고영은 경제적 해자가 있는 기업이라고 스스로
생각하며 손절 범위를 타 종목보다 크게(-10%) 가져가기로 하였다.

점점 추락하더니 전방산업의 불황으로 고영 또한 2Q19 실적이 안좋아 질것이라는 기사가
나온 후 폭락하였다. 이때 바로 팔았어야 했는데 나는 조금 오르면 팔아야지 라는
생각으로 손실을 키웠다. 결국 금액이 커지는 것을 보다가 전량 손절하였다...
모의계좌(사이버 머니)라는 생각에 관심을 덜 가진 점도 있다.....

총체적 난국이다. 반성하자!!!!!

04

내 투자 계좌의
'손실 한도'를 정하라

대다수의 투자자는 '어떻게 해서 이익을 낼 것인가'에 골몰할 뿐 '손실'에 대해서는 어떻게 대처할지 잘 생각하지 않는다. 그렇지만 투자자가 절대 놓치면 안 되는 것, 결국 투자에서 가장 중요한 것은 '손실을 최소화하는 것'이다. 즉, '손실이 발생하더라도 추후 회복 가능한 상태가 되도록 하는 것'이다. 손실이 일정 수준에서 제어되어야만 나중에 계좌의 회복을 꾀할 수 있다(이순신 장군이 다시 싸울 수 있었던 건 12척의 배가 있었던 덕이다). 괴로워서 손실을 그저 방치하면 더욱 끔찍한 결과를 초래할 수도 있다. 손실은 '기도'만 해서 해결될 문제가 아니다.

수익률의 함정과
리스크 관리

질문을 하나 해보겠다. 만일 계좌에 50%의 손실이 났다고 해보자. 이를 원래대로 회복하려면 얼마의 수익이 나야 할까? 정답은 50%가 아니라 100%다.

1000만 원에서 50% 손실이 나면 투자금은 500만 원이 된다. 이것이 다시 원금 1000만 원이 되려면 100% 올라야 한다. 지금 당장 10~20% 수익을 올리기도 힘든데, 100% 수익을 내야 한다니!

수익률의 함정

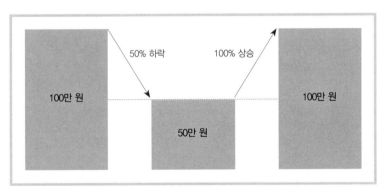

이런 리스크 관리를 위해 투자자는 매매를 시작하기 전에 계좌의 총 손실 한도를 미리 정해두어야 한다(종목별 손실 한도를 정하는

것이 아니다). 그렇게 해서 그 한도에 이르면 계좌의 리스크 관리에 들어가야 한다.

계좌의 손실 한도를 사전에 정하는 것은 투자자가 금전적·심리적으로 받아들일 수 있는 투자금의 손실 한계를 구체적으로 설정해두는 것을 말한다. 손실 한도를 미리 정하면 안정감 속에서 매매를 지속할 수 있게 된다. 만약 손실 한도를 5%라고 정해놨다면,

일률적으로 적용할 수 없는 손실 한도

손실 한도는 당연히 투자자마다 다 다르게 정해진다. 어떤 투자자는 큰 변동성도 거뜬히 이겨낼 수 있는 심리적, 경제적 여유가 있어서 계좌의 20% 손실도 견딜 수 있는 반면, 어떤 투자자는 (아무리 돈이 많아도) 5% 정도의 손실도 심장이 떨려서 견디지 못하는 경우도 있다. 일부 투자자가 '종목당 마이너스 10% 수준에서 손실 한도를 정하라'라고 조언하는 경우도 있는데, 이는 일괄적으로 적용할 수 없다고 생각한다. 투자자마다 성향이 다른데 어떻게 모두 마이너스 10%에 손절매를 하라고 할 수 있겠는가.

계좌의 몇 퍼센트에서 손절매를 시행해야 하는지는 오직 투자자 자신만이 결정할 수 있는 문제다. 주위의 눈치를 보지 말고 자신의 성향에 맞게 스스로 결단을 내려야 한다.

2~3% 손실 구간에서는 조급해하거나 서둘러 걱정할 필요가 없기 때문이다.

계좌의 손실 한도를 정하면 자연스럽게 포트폴리오도 이에 맞춰 구성할 수 있게 된다. 예를 들어, 투자 자금이 1000만 원인 투자자가 계좌의 총 손실 한도를 5%로 정하고 투자 자금의 20%로 A라는 한 종목만을 매수했다면, 종목의 손실 한도는 25%가 된다.

투자 자금 1000만 원 X 손실 한도 5% = 500,000원

A종목 매수 200만 원 X 손실 한도 25% = 500,000원

이는 종목별로 5%씩 손실 한도를 정했을 때와는 다른, 때에 따라서는 여유 있는 대응을 하게 해준다. 즉, 개별적으로 일일이 5% 룰을 적용할 때보다 손실 범위의 융통성이 생기는 것이다.

그러나 대부분의 투자자가 종목별로 투자 손실 한도를 정한다. 예를 들면, 삼성전자를 '매수 후 마이너스 10%에 손절매한다'라는 식이다. 그러나 막상 마이너스 10%가 되면 손절매를 쉽게 하지 못하는 경우가 대부분이다(이때 주가가 잠시 하락하며 나를 속이고 다시 오를 것이라고 상상하기도 한다. 이는 투자자가 자기 합리화를 하고 있는 것임을 알아야 한다).

총액 대비 한도를 정하면 이러한 오류에서 상대적으로 쉽게 벗어날 수 있다. 매매를 할 때 자신이 결정한 바를 '좌고우면'하지 말

고, 뚝심 있게 밀고 나가는 것이 중요하다.

만약 손절매 계획을 어겼는데, 수익이 났다면 그것은 그저 '운'에 따른 결과이고, 오히려 자신의 투자 실력은 후퇴했다는 것으로 받아들여야 한다. 손절매로 손실을 확정하는 것은 누구에게나 괴로운 일이지만 이를 실행하지 않으면 미래를 기대할 수 없게 된다.

정리하자면, 종목별 손실 한도를 잡지 말고 계좌의 총액 대비 손실 한도를 정하도록 하자. 그러면 변동성이 클 수밖에 없는 장기 투자 종목은 포트폴리오에서 적은 비중으로 (편하게) 가져가고, 단기 집중 관찰 종목의 경우 (집중해서) 비중을 크게 가져갈 수 있다. 즉, 총 계좌의 손실 한도를 정하면 종목별 포트폴리오 비중을 정하는 데에도 유연해진다. 포트폴리오의 비중을 먼저 정하고 손실 한도를 정하는 비현실적인 접근 방법을 극복하는 방안이 될 수 있는 것이다.

투자를 안정적으로 지속하기 위한 방법

투자자가 손실 한도를 정했다는 것은 이미 투자에 대한 자신의 한계를 명확히 인식했다는 것을 의미한다. 손실 한도는 자신이 감당할 수 있는 손실 범위를 말한다. 따라서 그 한계를 벗어나지 않는 범위 내에서 투자하다 보면 안정적인 투자를 지속할 수 있게 된다. 이 범위는 투자자마다 다 다르므로 남과 비교할 필요가 없다.

만약 투자자가 스스로의 손실 한도를 정하지 않으면 어떤 일이 벌어지게 될까? 이는 주가 상황 변화에 따라 매번 빠르고 심각하게 손실에 대해 고민해야 한다는 것을 의미한다. 그러나 시장이 투자자가 심사숙고하여 차분하게 대응할 시간적인 여유를 줄까? 주식시장은 그렇게 한가로우면서도 자비로운 곳이 절대 아니다. 투자자가 고민하는 동안에 주가는 크게 요동칠 것이다. 운이 좋아서 다시 올라갈 수도 있지만, 그럴 확률은 높지 않다. 그래서 투자자는 심리적으로 쫓기며 위축되고, 대부분 잘못된 결정으로 귀결되는 경우가 많다.

빠른 의사결정은 불확실성 속에서 '어찌 됐든 결정해야 하는 것'을 의미한다. 이를 '휴리스틱Heuristics 오류'라고 하는데, 결정 요소가 완벽하지 않은 상태에서도 어찌 됐든 판단을 내려야 하는 상태를 말한다. 바쁜 일상에서 수많은 볼펜 중 하나를 고를 땐 휴리스틱이 빠른 판단을 내리는 데 도움이 되지만, 적잖은 돈이 오가는 투자에서는 분명 짚고 넘어가야 하는 문제다. 자신의 기준이 없는 투자자는 반드시 휴리스틱 오류에 빠질 수밖에 없다.

요컨대, 투자에 나서기 전에 투자의 손실 범위를 어떻게 할 것인지 정하는 행동은 투자를 편하게 이끈다는 얘기다. 손실 한도는 최악의 상황까지 고려한 것이기 때문에 투자에서 충격을 받을 일이

별로 발생하지 않을 것이다.

"손해가 나는 경우를 대비해 미리 마음의 준비를 합니다. 저는 투
자할 때마다 최악의 시나리오가 펼쳐지면 어떨까에 대해 상상하기
를 좋아합니다. 그렇게 하면 실제 그런 상황이 벌어졌을 때 혼란을
최소화할 수 있습니다. 저는 손실도 매매에서 아주 중요한 부분을
차지한다고 생각합니다. 실제로 손해가 날 때마다 이를 기꺼이 받
아들일 수 있어야 합니다."

_ 잭 슈웨거, 『새로운 시장의 마법사들』

손실은 줄이고 이익은 챙기는 매도 전략

주식을 매수하기 전에는 투자자가 여러 사항을 자유롭게 선택할 수 있다. 어떤 종목을 매수할지, 아니면 관망할지 등 선택의 폭이 넓다. 그러나 매수한 이후에는 '언제 매도할 것인가' 하나의 결정만 할 수 있다. 매도 시점을 언제로 잡느냐에 따라 이익과 손실이 결정되고 투자가 종결되므로 투자에서 매도의 중요성은 강조하지 않을 수가 없다.

앞서 이야기한 것처럼 막연히 '오르면 팔고, 내리면 그냥 보유한다'라는 생각으로 접근할 게 아니라 분명한 매도 계획과 전략을 세워야 한다.

"주식을 파는 것은 사는 것보다 몇 배나 더 어렵다. 매수 여부를 고려할 때는, 마음이 썩 내키지 않거나 상황이 불확실해 보일 경우 투자 결정을 보류해버리면 그만이다. 그러나 일단 주식을 매수했다면, 이제 보유할 것이냐 팔 것이냐 하는 결정은 완전히 다른 문제로 발전한다. 상황이 아무리 불확실하고 혼란스럽다 해도 Yes 아니면 No라는 대답을 강요당하는 것이다. 마치 자동차가 철로에 걸려 있는데 기차가 달려오는 상황과 비슷하다. 앞으로 가든지 뒤로 빠지든지, 어떤 식으로든 충돌을 피해야 한다. 당신의 차는 철로 위에 있고 기차는 달려온다. 최악의 경우에는 차를 버리고 몸이라도 빠져나와야 한다."

_ 제럴드 로브, 『목숨을 걸고 투자하라』

매도도 전략이다. 여기서는 다양한 매도 전략을 살펴보도록 하자. 매도는 크게 기본적 분석에 따른 매도와 기술적 분석에 따른 매도, 그리고 자금 계획에 따른 매도로 구분할 수 있다.

목표 가격에
미련 없이 매도하기

주식을 매수한 후 주가가 원하는 가격에 도달했을 때 매도하는 전략이다. 목표 가격은 '매수 대비 몇 퍼센트'라고 수익률로 결정할 수도 있고, '1만 50000원'이라는 구체적인 가격, 아니면 차트상 직전 고점 등 여러 가지를 참고해 결정할 수 있다. 또한 수식을 사용해 적정 가격을 계산하여 결정할 수도 있다.

어떤 방식으로 결정하든지 원하는 가격에 다다르면 주식을 기계적으로 매도하는 것이 '목표 가격 매도'의 방식이다. 그러나 원하는 가격에 주가가 접근하면 앞으로 더 오를 것만 같은 생각이 들고, 실제로 더 오르는 경우도 많이 있다. 그래서 목표 가격이 되어도 일단 매도를 주저하게 되는 게 사실이다. 목표 가격에 매도하지 못하는 경험을 실제로 한 번씩은 하게 된다. 어렵게 얻은 기회를 놓치기 싫다는 생각에 매도를 멈칫하게 되는 게 투자자 입장에선 어찌 보면 당연할 수 있다.

그러나 주가가 처음 자신이 원하는 목표 가격에 도달하면 아무 생각 하지 말고 미련 없이 매도하기를 권한다. 목표 가격은 설정 당시 투자자가 이러저러한 합리적인 이유로 심사숙고해서 정한 것임을 기억하자.

주식투자는 한 번 하고 끝나는 게임이 결코 아니다. 만약 주식을 팔았는데 주가가 올랐다면, 자신이 놓친 부분이 무엇인지 검토해 다음 매매에 반영해나가면 된다. 그럼으로써 주가를 보는 눈과 이익을 쌓아가는 확률을 높여갈 수 있다.

이익을 되돌리려고
하지 마라

매수한 주식이 올라서 수익이 났지만, 어떤 이유로 팔지 못하고 보유하다가 결국 그 이익을 지키지 못하고 오히려 손실을 본 후에야 매도하게 되는 상황은 흔히 일어나는 경우다. 매매 과정을 돌아보면 결단을 내릴 수 있는 곳이 몇 번 있었는데 실행하지 못한 아쉬움에 굉장히 허탈해진다.

잘 알려진 증권가 우화가 있다. 사냥꾼이 꿩을 잡기 위해 덫을 놓았는데, 꿩들이 모여들어 1마리, 1마리씩 덫으로 들어왔다. 그러자 사냥꾼은 점점 꿈을 키웠고, 작은 수에 만족하지 못했다. 어느덧 꿩이 13마리가 되자 2마리만 더 잡아 15마리로 돈을 벌 행복감에 부풀어 손에 땀이 나기 시작한다. 그런데 먹이를 다 먹은 꿩 3마리가 갑자기 덫 밖으로 나간다.

사냥꾼은 아까 13마리를 다 잡지 못한 아쉬움으로 다시 좀 더 기다려보기로 한다. 이후 1마리가 다시 들어오자 사냥꾼은 13마리가 되면 끈을 당길 생각을 하는데, 그때 2마리가 다시 빠져나간다. 그러자 사냥꾼은 자신의 마음이 과했음을 깨닫고 1마리가 다시 들어오면 10마리에 만족하기로 마음을 바꾼다. 스스로 욕심을 완전히 버린 대범한 사람처럼 위안을 하면서.

그러나 꿩이 들어오기는커녕 다시 1마리, 1마리씩 덫에서 빠져나간다. 어느덧 덫에는 3마리만 남게 됐다. 사냥꾼은 초조해진다. 이때 1마리가 다시 들어와 4마리가 됐다. 사냥꾼은 마음을 다시 바꿔 5마리가 되면 끈을 잡아당길 준비를 했다. 하지만 꿩은 들어오지 않았다. 오히려 1마리씩 또다시 빠져나가기 시작하더니 결국 1마리도 남아 있지 않게 된다.

눈앞에서 13마리의 꿩을 잡았던 사냥꾼은 결국 1마리도 손에 넣지 못했다. 처음 사냥꾼이 덫을 놓을 때는 1마리라도 잡으면 좋겠다는 심정이었을 것이다. 나중에 1~2마리가 남아 있을 때라도 꿩을 잡았어야 했다. 그러나 마음속에 이미 자리 잡은 욕심 때문에 작은 숫자는 무시하는 비이성적 행동을 하게 된 것이다.

이익을 본 주식이 하락 전환된 상황이라면 '원금+수수료' 부근에서는 무조건 빠져나와야 한다. 없어진 이익에 연연해서는 절대 안 된다. 아쉽긴 하지만, 원금에 손실이 발생하지 않았으므로 다음 기회를 또 모색하면 된다.

잘못을 깨달은 순간, 바로 손절매하라

주식투자에서 가장 어렵다고 하는 '손절매'에 대해 이야기해보자. 손절매는 투자가 잘못되었을 때 이뤄지는 것이다. 이는 투자자가 매우 괴로운 결정을 해야만 하는 상황에 직면하게 된 것을 의미한다. 자신의 판단이 잘못됐다는 것을 인정하기도 어렵거니와 금전적인 손실을 감내해야 하기 때문에 결정하기가 더욱 쉽지 않다. 베테랑 증권사 직원들도 가장 하기 어렵다고 하는 것이 바로 손절매다.

과거 직장에서 주식을 잘한다고 소문난 선배가 있었다. 가만히 그의 매매 행태를 살펴보니, 종목을 발굴하는 면에서는 다른 사람과 크게 다를 게 없었는데 정말 잘하는 것이 있었다. 바로 손절매였다. 그는 자신의 시각과 시장이 다르게 움직이거나 자신의 판단이 잘못되었다는 생각이 드는 순간 아주 냉혹하리만큼 과감하게 손절매를 실행했다.

> "중국의 노자라는 현인은 이렇게 말했지. '타인을 지배하는 자는 위대하다. 그러나 자신을 지배하는 자는 더욱 위대하다.' 그런 사람에게 불가능이란 없어. 하려는 모든 것에 성공할 수 있지."
>
> _ 마크 피셔, 『골퍼와 백만장자』

주식투자에서 진정으로 무서운 것은 투자자가 여러 생각으로 손절매를 실행하지 못했는데 정말로 큰 폭으로 주가가 하락하는 경우다. IMF나 서브프라임, 코로나19 사태 등 외부적인 변수는 언제든지 주식시장을 강타할 수 있다. 그렇게 크지는 않더라도 작은 하락은 언제든 투자자를 위협할 수 있다.

일부 투자자에게 '원칙대로 손절매를 했는데 주가가 다시 올라서 아쉬웠다'라는 말을 들을 때가 있다. 이때 나는 '당신은 지금 이익을 취하진 못했지만 앞으로 꾸준한 수익을 남길 수 있는 기술을 체득했다. 정말 위대한 투자자가 될 가능성이 높다'라고 힘껏 치켜세워준다. 빈말이 아니다. 손절매를 했다는 것 자체가 대단한 일이다.

반대로 손절매를 하지 않고 버텨서 결국 수익을 냈노라고 말하는 이들에 대해서는 마음속으로 '당신은 아직 멀었다'라고 생각한다. 주식투자에서는 지금 당장 한 번의 행운으로 찾아온 수익보다는 꾸준한 수익 달성이 가능한 자신만의 원칙, 그리고 실천하는 용기가 더 중요하다. 일시적인 수익에 취해 자기 자신을 과신하여 원칙 없는 매매를 하다가 시장에서 퇴출당한 사람들을 숱하게 봐왔다.

> "악어에게 물렸을 때 살아남는 유일한 방법은 다리 하나를 내주고 빠져나오는 방법뿐임을 기억하라. 이 원리를 시장에 적용하면 '잘못을 깨달은 순간 포지션을 청산하라!'가 된다. 합리화, 희망, 기도, 그 밖에 아무것도 소용없다. 그냥 빠져나와라. 포지션을 바꾸거나 해지하거나 하지 말고 그냥 손절매하라!"
>
> _ 빅터 스페란데오, 『전설의 프로 트레이더 빅』

초보자일수록 손절매는 기계적으로 이루어져야 한다. 가능하다면 매수 주문과 동시에 매도 주문을 넣는 것도 방법이다. 그러면 마음이 흔들려 매도하지 못하는 우를 범하지 않을 수 있으니 말이다.

기업의 상황이 변했다면, 매도하라

기본적 분석에 중심을 두고 기업 가치에 집중해서 매도 원칙을 정하는 방식도 있다. 이는 시장에서 변동성을 가지는 주식의 '가격'이 매도의 기준이 되지 않기 때문에 차트를 활용하는 방식과는 다르게 이해해야 한다.

즉, 차트와 가격이 기준이 되지 않기 때문에 손실 한도를 미리 정하기가 어렵다. 그래서 계획에 의한 손실을 미리 예측할 수는 없다. 극단적으로 매우 큰 손실을 보고 시장에서 빠져나오게 될 수도 있다. 하지만 매도를 해야 할 분명한 이유가 있다면 손실의 규모와는 상관없이 매도를 시행하는 것이다. 이는 투자자의 자금을 지키는 생존의 문제이기 때문이다.

"주식투자를 하면서 손실을 보는 가장 큰 원인은 처음에 어떤 이유를 가지고 투자를 시작했는데, 그 이유가 제대로 실현되지 않았음에도 불구하고 투자를 종결짓지 못하기 때문이다."

_ 제럴드 로브, 『목숨을 걸고 투자하라』

구체적으로 몇 가지의 경우로 나누어 생각해보자. 먼저, 처음 매수할 당시 기업의 상황과 현재의 상황이 변했을 때 매도하는 것이다. 투자자가 매수한 기업들이 모두 예측한 대로만 움직일 수는 없다. 만일 매수한 기업에 변화가 생겼다면, 주가가 상승 중이든 하락 중이든 그 움직임을 따지지 않고 즉시 매도하여 투자를 종결하는 것이 바람직하다.

이를 위해서는 앞서 '매매일지'에 대해 다룰 때 얘기했던 것처럼, 주식을 매수할 때 매수 이유와 매도 이유를 정확히 기록해두는 것이 중요하다. 기록이 있어야 기업의 변화를 감지할 수 있고, 매도를 망설이거나 고민하지 않고 시행할 수 있다.

투자자가 기업의 상황 변화 중 주목해야 하는 가장 중요한 것은 매출의 감소와 이에 따른 이익의 감소다. 특히 근본적인 사업 환경의 변화로 이들이 감소한다면 앞으로 주가 상승을 기대하기는 어렵다.

기업의 변화에 따른 매도 실행은 특히 신사업이나 신생기업 등에 투자할 때 그 중요성이 더욱 커진다. 신사업이 시장이나 투자자의 바람과 달리 우리 경제에 적용되지 않거나 늦춰지거나 변형될 수 있기 때문이다. 또한 기존 기업의 방어 전략에 따라 신생기업이

꽃을 피우지 못하게 될 수도 있다. 기업의 상황을 잘 체크해서 상황이 변화했다면 과감히 매도해야 한다.

두 번째는 기업의 경쟁력이 약화됐을 때, 즉 '경제적 해자'가 무너졌을 때 매도하는 방법이다. 이 또한 주가와는 상관없이 실행하는 매도다.

경제적 해자는 유·무형의 자산, 원가 우위, 전환 비용, 네트워크 효과, 규모의 경제 등 다양한 이유가 작용하여 형성된다. 다른 기업들이 쉽게 침범하지 못하는 경쟁 우위인 경제적 해자를 갖고 있는 기업은 가치투자자들에게 훌륭한 투자 대상이다. 그러나 투자한 기업의 경제적 해자가 다른 기업에 의해 무너졌다면, 투자자는 매도를 고려해야 한다. 그동안 기업이 경제적 해자를 통해 유지한 높은 영업 이익률이 훼손될 수 있기 때문이다.

"내가 어떤 회사에 관해 낙관적인 결론을 내리고 주식을 샀는데 이를 매도할 때는 크게 두 가지뿐이다. 첫 번째는 주가가 처음 샀을 때에 비해 과도하게 올라 그 회사의 실질가치보다 훨씬 비쌀 때다. 두 번째는 회사 경영이나 영업에 예상치 못한 문제가 생기는 등 여러 가지 이유로 회사의 미래가치가 하락할 것으로 판단될 때다."

_ 존 리, 『왜 주식인가?』

모의 매매와
실전 매매

투자자가 어려운 공부와 훈련을 통해 다양한 내용을 익히는 이유는 실전 매매에서 꾸준한 수익을 내기 위해서다. 결국 실전에서 수익을 만드는 것이 중요하다는 말이다.

일단 투자자가 올바른 과정을 익히기 위해 공부하는 동안에는 실전 매매를 잠시 멈추는 것이 좋다(기존에 주식을 매매하고 있는 경우라면 수익 및 리스크 관리를 위해서 매도만 하고, 매수는 하지 않는 것을 권한다). 이렇게 하는 이유는 다양한 내용을 익히는 과정에서 매매에 혼선이 올 수 있어서다. 이것이 뜻하지 않은 투자 손실로 이어질 수도 있다.

대신, 각자 거래하는 증권사를 통해 '모의 매매' 계좌를 개설해 보자. 대부분의 증권사에서 이를 제공하고 있는데, 대체로 약 3개월의 기한으로 동일한 화면에서 모의 매매를 통한 다양한 매매 연습이 가능하도록 되어 있다. 모의 매매 금액도 투자자가 스스로 정할 수 있는데, 공짜라고 무조건 많은 금액을 정하기보다는 자신의 실제 투자 금액과 유사하게 정하는 것이 좋다. 그래야 현실성 있게 분산 투자나 집중 투자 등의 연습이 가능하기 때문이다. 이제 막 투자를 시작하려는 초급 투자자라면 더더욱 모의 투자를 해보고 실전으로 들어가기를 권한다.

한편 모의 매매라고 해서 초보자만 하는 것은 아니다. 오랫동안 매매를 해왔더라도 투자에 계속 실패하고 있거나 잘못된 습관을 고치고 싶은 경우, 그리고 새로운 매매 방법을 익히고 싶다면 일단 기존의 매매를 멈추고 모의 매매로 연습하기를 권한다.

모의 매매
활용법

모의 매매는 시세를 파악해 주문을 내고, 이후 주문 가격을 정정하고, 주문의 체결 과정을 익힐 수 있게 해준다. 다만, 모의 매매를 절대적으로 생각해서는 곤란하다. 성공적으로 모의 매매를 이뤄냈다고 해도 실전과는 다른 면이 분명히 있기 때문이다. 이를 인식하지 못하고 긴 시간 모의 매매에서 수익을 거두다 보면 들뜬 마음으로 자신 있게 실전에 들어서게 되는데, 실전에서는 모의 투자를 할 때와는 다른 환경이 펼쳐질 수밖에 없다.

모의 매매에서는 화면상의 숫자가 움직이는 것이지 투자자의 실제 소중한 돈이 움직이는 것이 아니다. 그래서 투자자가 자신의 자금 변화에 따른 심리의 변화를 익힐 수는 없다. 실전 투자에서 느끼게 되는 감정적 압박이나 흥분감을 모의 투자에서는 느끼기 어렵다는 얘기다.

인터넷의 무료 고스톱 게임을 생각하면 된다. 실제 내 돈을 걸고 하는 실전에서는 '원 고'도 부담스러워하는 사람이, 인터넷에서는 '쓰리 고'를 너무도 쉽게 부른다. 내 주머니의 돈이냐 아니냐에 따라 심리의 강도는 아주 큰 차이를 보일 수밖에 없다.

> "실제 돈을 사용해야 한다. '마음으로 베팅'하는 것은 소용없다. 인생의 모든 풍부한 감정적 경험처럼 돈을 잃었을 때의 느낌은 글로 전달되지 않는다."
>
> _ 프레드 쉐드, 『고객의 요트는 어디에 있는가』

그러므로 모의 투자를 너무 오래 지속하기보다는, 특정 목적을 갖고 경험을 해본다는 차원에서 실행해보는 것이 좋다. 어떤 목적이냐면, 투자자 자신이 생각하는 모든 매매 기법을 과감하게 시행해보는 목적이다. 알다시피 마음속 생각과 실제 클릭해서 결과를 보는 것은 엄연히 다르다. 그런 점에서 부담 없는 모의 매매를 활용하는 것이 좋다.

자신의 생각을 모의 매매를 통해 검증해보겠다는 생각으로 적극적으로 시행해보자. 자신이 정한 한도에서 손절매와 분산 투자 등도 적절하게 적용해보라. 계좌의 총액 손실 한도 설정에 대해서 익혔다고 해도, 이에 따라 분산 투자를 하는 것이 처음에는 잘 적응되지 않을 것이다. 그러므로 모의 매매 단계에서 다양한 실험을 해보는 것이 중요하다.

실전 매매와
게릴라 전술

일정 기간 모의 매매를 해봤다면 이제 실전 매매로 들어가 보자. 투자는 결국 자신의 돈을 직접 넣고 주식시장과 부딪치며 해야 하는 것이다.

실전 투자도 모의 투자처럼 100% 투자자의 자율에 따라 시행토록 해야 한다. 실전 매매를 하려면 투자 금액도 중요한데, 이 또한 투자자마다 성향이 다르기 때문에 일률적으로 얼마라고 정할 수는 없다.

당연히 처음에는 너무 공격적이지 않은 수준의 금액을 정하는 것이 좋다. 처음부터 많은 금액은 오히려 심적 부담만 가중시키기 때문이다. 보통 처음 시작하는 투자자들에게는 '소액'으로 시작하라고 하는데, 여기서 '소액'은 구체적으로 어느 정도라고 봐야 할까? 100만 원? 아니면 1000만 원? 이렇게 접근해서는 안 된다.

모의 매매에서 실전으로 넘어가면서 가장 중요하게 생각해야 하는 부분은, 실제 자금 투입에 따라 변화하는 심리를 느끼고 이를 다스리는 법을 경험해나가는 것이다. 흔히 소액이라고 하면 그냥 잃어도 상관없는 돈 정도로 생각하는데, 나는 그렇게 접근하는 것에 반대한다. 잃어도 된다고 생각하면 방치할 확률이 높기 때문이다. 적은 돈이라도 지키고자 하는 마음이 있어야 한다. 누구에게나 투자로 잃어도 되는 돈은 없다.

그런 점에서 볼 때, 초보자는 3개월 치 월급 정도가 적합하지 않을까 싶다. 그 정도면 설령 잘못되어 잃어도 파산까지는 안 갈 것이지만 속은 무척 아프고 쓰릴 테니 말이다(이렇게 느끼는 금액의 규모는 사람마다 다를 수 있으니 이 역시 자신의 기준에서 잘 생각해보기 바란다). 생활에 엄청난 타격을 주지는 않지만, 잃으면 심리적 압박을 받을 수 있는 정도의 금액을 투자하면 여러 투자 방법과 더불어 심리를 배우기에 적당하다는 생각이다.

아무리 준비를 잘했어도 모의 투자에서 실전 투자로 넘어가면 누구나 적잖이 당황하게 된다. 생각대로 되지 않는다는 것이 아마 피부에 와닿을 것이다. 투자자는 언제든지 매매를 할 수는 있지만, 그렇다고 언제나 매번 수익이 나는 것은 아님을 잊지 말아야 한다. 너무 상황에 흔들리면서 매매를 남발하지 말고, 나에게 유리한 때인지를 잘 살피고, 승률이 높아 보일 때만 집중해서 매매를 하자.

개인투자자는 펀드매니저와는 다른 방식으로 투자해야 한다. 매일, 기회를 발견했을 때 매번 매매하기보다는 시기와 때를 기다려서 매매를 해야 한다. 이와 관련해 마틴 프링은 『심리투자법칙』에서 '게릴라 전술'이라는 비유를 들었다. 외인이나 기관, 큰손 등 이른바 '거대 세력'과 맞붙어 싸우기 위해서는 대군大軍과 싸우는 게릴라처럼 매매해야 한다는 것이다.

게릴라처럼 싸운다는 것은 무엇을 의미할까? 게릴라는 소수 인원(적은 자금)으로 큰 인원(외인 및 기관)을 상대해야 하므로 아무 때나 싸워서는 안 된다. 자신이 유리할 때만 싸우고, 아니다 싶으면 뒤로 물러나야 한다. 생존을 최우선 과제로 삼아야 하는데, 그래야 다음번 기회를 노릴 수 있기 때문이다. 싸움을 시작할 때(매매를 할 때)는 자신이 유리하다고 판단할 때뿐이어야 한다.

개인들의 매매도 이래야 한다. 매매를 하지 않는다고 뭐라 할 사람은 아무도 없다. 주식시장이 좋지 않을 때 장기간 매매를 하지 않는다고 증권사에서 경고를 주거나 절대 계좌를 폐쇄시키지 않는다. 소모적으로 매번 매매했다가는 정작 필요할 때 싸울 인원,

즉 자금이 남아 있지 않게 된다. 이를 명심하고 자신이 유리할 때만 싸우는 현명함을 갖추는 것이 중요하다.

결국 '나만의 투자 원칙'이 가장 중요하다

우리가 가야 하는 최종 목적지는 결국 '자신만의 투자 원칙을 정립하는 것'이다. 투자 원칙은 누가 정해주는 것도 아니고, 아주 거창하게 이미 정해져 있는 것도 아니다. '주식투자는 꼭 이렇게 해야만 한다'라고 규범적으로 이야기할 수도 없다.

투자 원칙은 투자자가 매매를 해서 꾸준히 수익을 발생시키는 방식이어야 한다. 또한 매매를 하는 데 힘들지 않고 심리적인 저항감이 없는 방식이어야 한다. 이는 투자자가 여러 시행착오를 겪으면서 스스로 발견해야 한다.

지금까지 이 책을 통해 한 많은 이야기는 결국 투자자가 원칙을 발견하는 데 도움을 주기 위해서다. 주식시장에서 꾸준히 돈을 번 투자자 중에 자신만의 원칙이 없는 사람은 없다. 스스로 만든 '원칙'을 주식시장에서 '실천'해서 '꾸준한 수익'을 얻는 것, 결국 이것이 이 '터틀 트레이딩' 수업의 최종 종착점이다.

거듭 강조컨대, 자신의 투자 원칙을 찾는 과정이 결코 쉽지는 않을 것이다. 배움은 자신의 익숙함을 버리는 과정을 동반하기 때문이다. 이 과정에서 때론 자신의 본능을 거스르는 투자법을 익히기도 해야 한다. 그러나 직접 해보지도 않고 다른 사람의 그럴싸한 방법을 자신의 원칙으로 세워서는 절대 안 된다는 것을 잊지 말자.

종합적으로 볼 때 투자 원칙은 되도록 단순해야 한다. 실전에서 언제든 무리 없이 적용해야 하기 때문이다. 복잡한 원칙일수록 실전에 적용하기가 어렵다. 원칙을 단순하게 꾸준히 다듬어나가 보자.

주식투자는 결코 '게으른 사람의 게임'이 아니다. 처음 시작할 때부터 강하게 마음먹고 2~3년 정도는 집중하는 시간이 필요하다(물론 이것으로 끝나지는 않는다. 평생 노력해야 할 것이다). 투자는 자신만의 원칙과 방법을 갖고 하는 자신과의 싸움이니까 말이다.

'경제적 해자'를 가진
기업을 찾아라

해자란 원래 중세시대에 적의 침임을 막기 위해 성 주위에 설치했던 장애물을 말하는데, 경쟁사가 쉽게 넘볼 수 없는 진입장벽을 이 해자에 비유한 용어가 바로 '경제적 해자'다. 이는 워런 버핏이 1980년대에 발표한 버크셔 해서웨이 연례보고서에서 최초로 주창한 투자 아이디어로, 기업의 장기적 성장을 가늠하는 척도다.

경제적 해자를 보유하고 있는 기업은 다른 기업에 비해 높은 매출과 높은 영업 이익률을 구가할 수 있다. 따라서 투자자들은 이러한 기업을 발굴하여 투자하는 것을 목표로 삼아야 한다. 그렇다면 구체적으로 어떤 기업들이 어떤 해자를 가지고 있을까? 사례를 통해 살펴보자.

세운메디칼

세운메디칼은 의료기기 업체다. 우리가 병원에서 흔히 보는 일회용 의료 진료 재료를 만드는 회사다. 그런데 이 제품은 특별한 기술력을 요하지는 않는다. 하지만 가장 중요한 안전성을 필요로 한다. 병원에서는 가격으로 제품을 쉽게 바꾸지 못한다. 따라서 가격 경쟁력보다는 안전성 경쟁력이 높은 기업이라고 볼 수 있다. 이러한 것도 경제적 해자로 작용할 수 있다.

OCI

OCI는 특수화학 제품을 생산하는 업체로, 태양광 패널을 만들고 있다. 설립 초기만 해도 태양광에 대한 기대는 높았던 반면 수요는 그리 많지 않았다. 그러나 최근 세계 각국의 그린 정책으로 태양광에 대한 수요가 늘고 있다. 수많은 기업이 태양광 관련 사업에 뛰어드는 것도 어찌 보면 당연하다고 할 수 있다.

중요한 것은 제품의 '가격 경쟁력'이다. 신생기업의 경우 설비 투자에 대한 기간과 이에 따른 감가삼각 비용을 떠안아야 한다. 따라서 초기에는 높은 가격을 받을 수밖에 없다. 하지만 OCI는 이러한 비용에 대한 부담감이 없다. 회계상 모두 처리가 되었기 때문이다. 그래서 스스로 가격 조절 능력을 가지고 있다고 볼 수 있다. 즉, 시장에 제품 가격을 낮춰 내놓을 수 있는 것이다. 이는 다른 기업들이 태양광 시장에 진입하는 것을 막는 역할을 한다. 이러한 것도 경제적 해자라 부른다.

인선이엔티

인선이엔티는 건설폐기물을 수집·운반·처리하는 업체다. 다시 말해 남들이 그다지 선호하지 않는 일을 하는 회사다. 이런 기업도 경제적 해자를 갖고 있다고 볼 수 있을까? 잘 알다시피 자신의 동네에 폐기물 업체가 들어오는 것을 달가워할 사람은 없다. 그래서 신규 폐기 면허 발급이 쉽지 않기에 기존

폐기 면허 보유 업체들이 높은 영업 이익률을 구가할 수 있게 된다. 이 역시 타 기업이 넘을 수 없는 경제적 해자로 작용한다.

우리가 일반적으로 해자라고 생각하는 것들 중 잘못된 내용도 있다는 사실을 알아야 한다. '이름만 들으면 누구나 아는 브랜드'라는 것도 경제적 해자로 볼 수 있을까? 아니다. 그것만으로는 해자가 되지 못한다.

부록

'터틀'이 전하는
'터틀 수업' 이야기

아무것도 모르던 초보가
기업 분석으로 수익을 내기까지

20대 후반 여성 직장인

100세 시대라고 하는 요즘, 직장인들의 퇴직 시점은 점점 빨라지고 있어서 근로소득만으로는 노후 생활이 불가능할 것이라는 생각이 들었습니다. 월급을 받으면 차곡차곡 은행에 적금을 붓고 있었는데 시간이 지날수록 금리가 떨어져 언젠가부터 2%도 안 되는 이자를 받게 됐습니다. 이렇게는 안 되겠다 싶어 주변 지인들이 어떻게 재테크를 하고 있는지 알아보았습니다.

나처럼 은행 적금만 하는 사람, 부동산 투자를 하는 사람, 주식 투자를 하는 사람 등 여러 부류가 있었지만, 그중 내가 바로 따라 할 수 있겠다 싶은 것은 주식투자였습니다. 부동산처럼 많은 자본금이 필요하지도 않고, 물건을 보러 임장을 다니지 않아도 되며, 무엇보다 핸드폰만 있으면 누구나 바로 투자를 시작할 수 있다는 점이 매력적이었습니다.

지금 와서 생각해보니 공부하기 전 내가 주식에 대해 알고 있었던 것은 'MTS를 통해 거래하는 방법'밖에 없었습니다. 수업 전 '내가 사고 싶은 주식 다섯 가지'를 골라 그 이유와 함께 적어 오라는 숙제를 받았습니다. 그때 썼던 것을 지금 다시 보니 참 새롭습니다.

> **삼성전자**
>
> 반도체 가격이 잠시 주춤했으나 5G 관련, 클라우드 데이터 센터, AI 등 앞으로 반도체가 들어갈 수 있는 부분이 무궁무진함. 갤럭시 폴드가 미국 예약판매 완판되었다고 하며 핸드폰 부분에서도 추가로 성장 가능성이 있음. 현재 고점에서 매우 많이 하락하였으나 배당도 증가하고 있음.

단순히 '앞으로 잘될 것 같아서', '좋아 보여서'가 이유의 전부였습니다. 갤럭시 폴드가 미국에서 예약판매로 완판되었다고만 했지 구체적인 판매 수량이 몇 대인지, 앞으로 몇 대나 더 팔릴 것으로 예상되는지, 이로 인한 매출은 얼마이며, 다음 분기 예상 영업이익은 얼마인지 등의 구체적 수치가 없었던 것입니다.

이제는 예전과는 달리 숫자로 증명 가능한 데이터를 통해 기업을 바라볼 수 있게 되었습니다. 그뿐만이 아니라 주식 관련 용어들을 제대로 익힐 수 있었고, 나아가 재무제표를 통한 기업 분석까지 가능하게 되었습니다.

교육을 받으면서 가장 어려웠던 것은 2200여 개의 상장사 중 종목을 고르는 것이었습니다. 매번 2~3개씩의 종목을 찾아 분석하는 것이 숙제였는데, 분명 나는 좋은 종목이라고 생각했지만 실제로는 그렇지 않은 경우가 많았습니다.

'이건 정말 좋은 종목이야' 하고 골랐는데 이미 주가가 많이 올랐을 때도 있었고, 나는 분명 좋다고 생각했는데 아무리 기다려도 오르지 않는 경우도 있었습니다. 그래서 선택한 방법은 내 주변에서 쉽게 찾을 수 있는 것을 고르는 것이었습니다. 내가 쓰는 화장품을 만드는 회사, 내가 쓰는 휴대폰에 들어가는 부품을 만드는 회사, 자주 먹는 라면을 만드는 회사 등입니다. 이렇게 하니 좀 더 쉽게 종목에 접근할 수 있었습니다.

종목 분석을 끝낸 후 해당 종목을 사기로 결정했을 때, 실제 매수 전 매도 단가, 손절 단가, 수익실현 단가 등의 매매 계획도 세웠습니다. 하지만 이 계획을 실행에 옮기는 것은 정말 어려운 일이었습니다.

실제 돈으로 거래를 하기 전에 모의 투자를 통해 손절하는 연습을 했는데, 막상 실제로 손절하려니 매도 버튼을 누를 수 없었습니다. '조금만 더 있으면 오를 것 같은데, 내일이면 원금을 회복할 것 같은데' 하는 마음 때문에 점차 손실 금액이 커졌습니다. 잃지 않는 것을 첫 번째 원칙으로 세웠지만 결국 손절가보다 한참 더 잃은 후에야 현실을 직시하고 손실을 확정할 수 있었습니다. 20%를 잃었다면 그 이후에는 25%의 수익이 나야 겨우 원금이 된다는 것을 절대 잊지 말자고 다짐했습니다.

수익을 실현하는 것 또한 어려웠습니다. 계획된 단가에 도달했을 경우 팔아야 하는데 욕심이 생겨 팔지 못했습니다. 최악의 경험은 수익이 손실로 바뀐 경우였습니다. 수수료를 포함한 목표 가격에서는 무조건 익절해야 하는데 내일 더 오를 것만 같아 기다리길 반복하다가 결국 손실을 본 경우도 있었습니다. 이러한 문제를 해결하고자 계획된 단가에 예약주문을 걸어놓기도 했는데, 내가 스스로 제어할 수 없는 상황에서는 아주 좋은 수단이었습니다.

작은 물건을 하나 사더라도 가장 싸게 사기 위해 인터넷 최저가를 몇 번이나 검색하는데, 나의 소중한 돈을 투자하면서 '단순히 좋아 보여서'라는 이유 하나로 열심히 번 돈을 투자했던 과거를 수업을 통해 돌아볼 수 있었습니다. 그리고 공부할수록 이전과 같은 실수를 반복하지 않게 되고, 옳은 판단을 할 수 있게 되었습니다. 또한 기업을 분석해서 나온 구체적 숫자를 통해 매수를 진행했기 때문에 수익을 내지 못하더라도 전혀 아쉽지 않았습니다.

예전에는 '주식은 도박과 같은 것이며, 이런 방법으로 돈을 버는 것은 좋지 않다'라고 생각하기도 했습니다. 하지만 이제는 주식이 공부를 통해서 수익을 낼 수 있는, 좋은 기업에 투자함으로써 나 또한 돈을 벌 수 있는 좋은 재테크 수단임을 깨달았습니다. 많은 가르침을 주신 소장님께 진심으로 감사드립니다.

첫째도, 둘째도, 셋째도
결국 '원칙'이다

40대 초반 남성 직장인

   자본주의 시대를 살아가는 현 시점에서 물가인상률 대비 월급이나 연봉은 크게 늘지 않는 부분이 안타깝지만 현실인 것 같습니다. 주식투자를 시작한 것은 그런 이유가 컸습니다. 주식을 통해 자본 이득을 보기 위한 방편으로요. 하지만 '지금 몸담고 있는 회사 일 이외에도 내가 잘할 수 있는 것이 무엇이 있을까?'라는 고민도 주식투자를 하게 된 큰 동기였습니다.

   30대에서 40대로 넘어가는 시점에서 남들이 다들 하는 취미 생활인 낚시나 골프, 사이클 등으로 자유로운 삶의 여유를 찾아갈 수도 있었지만, 그런 일반적인 취미 생활은 저에게 아무런 보람을 주지 못했고 열정의 원동력이 되지도 못했습니다. 그래서 좀 더 현실적으로 이익이 될 수 있는 취미 생활을 하자는 결론을 얻고, 주식을 시작하게 되었습니다.

저는 일반적인 개미투자자들과는 조금 다른 접근을 했습니다. 펀드매니저가 되는 첫걸음인 '투자자산운용사' 자격증을 따는 것을 목표로 이론을 공부하고 실전에 들어가려는 계획을 세웠습니다. 혼자 공부하기 위해 책도 읽고 유튜브도 보고, 친구들 조언도 듣고, 교육기관을 통한 강좌도 참석했지만 사실 실질적인 도움이 되지는 못했습니다. 기본적인 주식의 원칙과 가장 중요한 철학을 놓치고 공부한다는 생각이 계속 들었습니다.

그런데 우연히 차영주 소장님의 동영상 강의를 듣고 투자자로서 깊은 인상을 받았습니다. 이후로 소장님과 인연을 맺고 일대일 교육을 받을 수 있었고, 현재도 배워가고 있습니다.

수업을 들으면서 가장 크게 깨달은 점은 '주식은 단기간에 공부하고, 단기간에 활용하고, 단기간에 수익률을 올리고, 단기간에 전문가가 될 수 있는 것이 아니다'라는 것입니다. 주식이란 거시적·미시적 경제 환경 속에서 변동성이 심한 투자 상품입니다. 현 시점에서의 단기적인 시각으로 주가의 움직임을 포착해 투자한다면 백전백패인 것 같습니다.

주가는 항상 상하고저로 움직이는 유기체적인 모습을 보이기 때문에 안일한 투자 시각을 버려야 합니다. 단 몇 권의 독서를 통해 과거를 파악하고 미래의 가치를 판단하여 현재의 시점에서 가격으로 주식을 산다는 생각은 큰 착각인 셈이죠. 주식 수익률을 높이기 위해서는 지식을 계속 확장해야 하며, 무엇보다 나만의 매매

법칙이 꼭 필요하다는 것을 수업을 통해 많이 배웠습니다.

많은 주식 용어와 투자 지표 그리고 기본적 분석, 기술적 분석, 그리고 투자 심리까지, 공부를 하는 과정이 쉽지는 않았습니다. 그냥 알고 무시하고 넘어가는 기업체 분석의 숫자들이 아니라 숫자를 보고 해석하는 일은 때로 두통을 동반하는 어려움이기도 했습니다. 하지만 숫자를 보는 데 익숙해지는 순간이 어느덧 나에게도 찾아왔고, 점점 기업체 분석의 횟수가 늘어나고 해석하는 부분에서도 편안함을 느낄 수 있게 되었습니다.

주식은 정말로 원칙이 중요한 것 같습니다. 첫째도 원칙, 둘째도 원칙, 셋째도 원칙인 것 같습니다. 모의 투자를 통해 감각을 키우고 나만의 매매 법칙을 통해 원칙이 생긴다면 누구에게든 주식투자가 매력적인 수단이 될 것입니다.

차 소장님이 교육 중 했던 말이 아직도 기억납니다. 한 외국인 주식투자자의 책 서두에 이런 문구가 있었다고 합니다. '모든 투자자는 게으르다.' 정말 정곡을 찌르는 말이라는 생각이 듭니다. 주식은 정말 자신의 노력과 열정에 따라 그 수익률이 판가름나는 곳입니다. 공부하기 싫은 게으른 투자자는 빨리 주식을 접어야 한다고 생각합니다. 저는 주식에 입문한 지 얼마 안 된 초보 개미투자자이지만 '오직 공부를 통해서만 주식의 수익률이 좋아질 수 있다'는 원칙은 끝까지 마음속에 새겨서 갖고 갈 것입니다.

제대로 공부 과정을 경험하고 나니 비로소 보이는 것들

50대 초반 여성 학원강사

저는 잘 모르면서 주식투자를 하는 사람이었습니다. 매수 원칙도 없었고, 어느 정도 주가가 올랐을 때 매도를 해야 되는지, 매도를 한다면 어느 정도 해야 하는지 아무것도 모른 채 그저 종목들을 들고만 있으면서 생각만 많았습니다. 물론 온갖 실패의 경험들도(큰 상승 후 매수가에서 팔기도 하고, 더 떨어져서 손절매도 해보고, 주위의 추천을 받아서 사고, 왜 급등하는지도 모른 채 투자하고⋯⋯) 많이 했습니다. 주식 책이라고 몇 권을 읽기는 했는데 막상 실전에서 도움이 되는지도 잘 모르는 상태였습니다.

저 정도의 나이면 무언가 새로 공부하기는 어려울 것이라고 생각하는 게 보통인데, 저는 그 편견을 깨트리기 위해 지원했고 운 좋게 공부할 기회를 얻었습니다. 이번에야말로 주식을 처음 시작하는 마음으로 새롭게 해보고 싶었습니다.

소장님이 추천해주는 책을 읽으면서 비로소 왜 책을 읽어야 하는지 새삼 깨닫게 되었고, 투자의 마음가짐이 무엇보다 중요하다는 것도 느꼈습니다. 저의 지난 투자에 대해 많은 반성을 하게 되는 시간이었습니다.

관심 종목을 선정하고 분석하는 과제를 할 때는 힘도 들고 시간도 많이 걸렸지만(한 종목에 대해 공부하려면 며칠이 걸렸습니다), 지금은 어떤 식으로 회사에 접근하는지 알게 되었고, 또 기업에 대해 집중해서 공부를 하니 머릿속에 개요가 잡혀서 다음에 다른 기업을 찾은 후 분석하는 데는 좀 수월해질 수 있었습니다.

좋은 책을 읽은 후 주식에 대한 나름의 관점을 가지고 기업에 대한 공부를 하는 접근 방식은 남들이 다 아는 좋은 방법이지만 실천이 어려운 것 같습니다. 이를 실천해볼 수 있는 좋은 기회가 저에게 주어진 것은 행운이었다고 생각합니다. 물론 여전히 매수와 매도를 할 때 고민하게 되는 순간은 많습니다. 분명한 것은 예전과는 전혀 다른 관점으로 고민하고 있다는 점이지요.

아직도 훈련해나가야 하는 점들은 많다고 생각합니다. 그러나 터틀 수업을 받은 덕분에 이제는 그 과정을 그래도 어렵지 않게 해나가고 있습니다. 주변의 소음에 흔들리기도 할 테지만 그때마다 소장님의 가르침을 되새기려고 합니다. 부족한 점이 많은 저에게 깨달음과 시간을 내주신 소장님께 감사드립니다.

터틀 트레이딩

초판 1쇄 발행 2020년 10월 12일
초판 7쇄 발행 2024년 9월 30일

지은이 차영주
펴낸이 김선준, 김동환

편집이사 서선행
책임편집 최한솔 **편집3팀** 오시정, 최구영
디자인 강수진
마케팅팀 권두리, 이진규, 신동빈
홍보팀 조아란, 장태수, 이은정, 권희, 유준상, 박미정, 이건희, 박지훈
경영관리팀 송현주, 권송이, 정수연

펴낸곳 페이지2북스 **출판등록** 2019년 4월 25일 제 2019-000129호
주소 서울시 영등포구 여의대로 108 파크원타워1, 28층
전화 070) 4203-7755 **팩스** 070) 4170-4865
이메일 page2books@naver.com
종이 (주)월드페이퍼 **인쇄 · 제본** 한영문화사

ISBN 979-11-90977-01-2 (03320)